L'AUTISME ATTRAPÉ PAR LE CORPS

Alain Gillis

L'autisme attrapé par le corps

Le Holding thérapeutique et les Packs

MARDAGA

Du même auteur :

Peinture d'origine, éditions Adam Biro, Paris, 1994.

© Pierre Mardaga, éditeur
Hayen, 11 - B-4140 Sprimont, Belgique
D. 2003-0024-28

À Samuel et Anna

NATHALIE FERRIER,
*psychologue de l'Unité Psychothérapique,
a participé de façon décisive
à la mise en pratique des packs
dans le traitement des enfants autistes.
Sa réflexion, la qualité de ses observations
ont constitué un premier pas,
indispensable à la poursuite de notre recherche.*

*Sa collaboration et son inlassable soutien,
tout au long du travail d'élaboration
et d'écriture de «L'Autisme attrapé par le corps»,
se sont avérés essentiels.*

Présentation

Les troubles autistiques sont actuellement l'objet d'une médiatisation tellement régulière qu'il est devenu bien difficile de les évoquer sans avoir le sentiment de faire étalage de lieux communs, surtout si l'on s'adresse à des professionnels. Il semble pourtant nécessaire d'en rappeler les signes cardinaux qu'il appartient au thérapeute que nous sommes d'envisager, comme autant de phénomènes, auxquels il s'agit de répondre, par une attitude capable de les modifier.

Généralement exempts de tout déficit sensoriel, les enfants autistes présentent, dès les premiers mois de leur existence, un comportement qui fait justement douter de l'intégrité des structures neurologiques nécessaires à la représentation de soi-même et d'autrui. Si l'«autre» n'est pas purement et simplement ignoré, il est considéré comme une chose auquel l'enfant autiste n'emprunte aucun trait, et auquel, donc, il n'est pas question de s'identifier. L'autosuffisance apparaît comme ce qui règle essentiellement le comportement. L'enfant autiste refuse le contact, il développe un système de stimulation autonome sous la forme d'activités stéréotypées, mouvements répétitifs, trajets continuellement réitérés, automutilations dont la gravité semble se régler sur la nécessité de maintenir un afflux, un plein sensoriel capable de le distraire des variations du monde extérieur. L'enfant autiste présente d'ailleurs une caractéristique rarement absente, il s'applique tant qu'il peut à garantir l'immuabilité d'un environnement spatio-temporel dont il combat activement tout changement. Le langage est souvent absent et lorsqu'il est présent, il est dépourvu de la souplesse nécessaire à l'exercice de la communication intersubjective. Quant à l'intelligence des systèmes abstraits, celle des mathématiques simples par exemple, elle peut être étrangement conservée, voire développée, ce qui a contribué, entre autres choses, à l'établissement du mythe de l'enfant autiste, surdoué et incompris.

Nous aurons l'occasion de revenir sur chacune de ces caractéristiques auxquelles il conviendra d'ajouter de nombreuses remarques moins générales.

Depuis la description de l'autisme infantile par Kanner en 1943, de nombreux modèles théoriques ont été proposés pour donner une interprétation de cet ensemble de signes qui fut assimilé à une pathologie spécifique.

Après que Kanner lui même eut abandonné le point de vue purement phénoménologique pour se tourner vers l'hypothèse d'une origine organique, les interprétations psychanalytiques continuent de représenter, jusqu'à aujourd'hui, l'essentiel des tentatives pour introduire une causalité dans l'établissement de l'autisme chez l'enfant.

Ainsi, pour M. Mahler, un dysfonctionnement précoce de la communication entre la mère et l'enfant empêcherait que l'enfant quitte l'état autistique « normal » que M. Mahler suppose chez tout nouveau né. S'ensuivrait une indifférenciation moïque, une indifférenciation entre l'animé et l'inanimé.

Frances Tustin considère plutôt que l'état autistique initial, qui devrait s'effacer, se structure de façon plus accidentelle dans une expérience dépressive qui rencontre la persistance d'un vide, d'un manque sans signification, un trou qui nécessite que l'enfant utilise un objet autistique dont la fonction serait de supprimer cette manifestation intolérable de l'absence. C'est le jeu, organisé par le thérapeute à partir de cette solution objective, que propose le petit autiste pour éviter le manque, qui constituerait l'axe thérapeutique.

Selon Meltzer, le jeune autiste est le lieu d'un dramatique démantèlement, qui laisse chaque fragment pulsionnel réclamer son but, sans qu'une économie se structure qui indiquerait l'existence d'un objet pour le «self» du sujet. La fusion objet-sujet perpétuerait un monde ouvert, défait, sans qu'un orifice vienne sanctionner aucun dehors pour un quelconque dedans.

Enfin, on ne peut manquer d'évoquer Bruno Bettelheim quand on parle d'autisme infantile. Son approche est radicalement basée sur la réparation d'une «lésion existentielle précoce» dont les parents seraient responsables (l'école orthogénique étant la manifestation monumentale de cette conviction). Le paradis perdu de la vie intra utérine, le déchirement brutal de la dyade mère-enfant, la frustration brutale et précoce, entraîneraient un blocage du développement des compétences et du bon usage de soi, de l'«autre», et du langage, ici considéré comme un instrument parmi d'autres. L'étiologie procède d'une vision qui n'est pas dépourvue de réalisme. Il s'agit de mettre l'accent sur le vécu «extrême» de l'enfant aux prises avec une absence totale de maîtrise du temps, une imprévisibilité des événements qui justifieraient qu'on soit attentif à modérer autant que possible ce genre d'épreuve. Et c'est là que les parents se montreraient parfois dramatiquement incompétents... Alors, l'essentiel de la tâche du thérapeute serait d'offrir une stabilité nouvelle, à partir de laquelle un développement pourrait reprendre qui laisserait derrière lui l'organisation autistique. Toutefois, compte tenu de la diversité probable des facteurs conditionnant la survenue des troubles autistiques on comprend qu'une telle théorie, qui a séduit bien des thérapeutes, soit aujourd'hui délaissée. On comprend aussi qu'elle soit dénoncée avec passion par des parents qui n'acceptent pas qu'on ajoute à leur peine une thèse qui proclame leur culpabilité.

Toutes ces théories ont rencontré, en France, la critique radicale de certains psychanalystes qui, chaque fois, font observer que ces systèmes d'interprétation ne font pas la place qui convient à l'avènement du symbolique, qui pourrait seul défaire le collapsus réel-imaginaire. Régler le langage sur le Manque, restaurer le désir.

Je terminerai ce rappel des plus courts en mentionnant le travail des neurobiologistes.

D'une part la diversité des directions de recherche fait apparaître l'autisme comme une affection des plus multifactorielles. D'autre part, dans l'état actuel des travaux de ce type, les causes et les effets semblent fréquemment difficiles à distinguer. Ainsi, quand certains incriminent une anomalie du fonctionnement des lobes frontaux et d'autres une hyporéactivité du lobe temporal gauche, le professeur Courschenne, lui, tend à considérer qu'il s'agit là, peut-être, de conséquences non décisives, résultant de troubles cérébelleux beaucoup plus proches d'une cause. Quant aux neurotransmetteurs dont le rôle est régulièrement évoqué, ils sont l'objet d'un doute, il s'agit toujours du même doute : leurs anomalies sont-elles à considérer comme une cause ou comme le reflet d'une conséquence ?

Il n'existe pas pour l'instant de propositions thérapeutiques liées aux hypothèses neurobiologiques. Quant à la psychanalyse, dans le champ du traitement des troubles autistiques, elle est plus souvent explicative que directement opératoire. Elle fournit actuellement en France l'inspiration essentielle de la pratique des équipes soignantes. Pour notre part, nous ne nous sommes pas écartés de l'analyse en un mouvement de rejet de caractère sectaire. Mais, lorsque nous avons décidé d'entreprendre, dans notre unité psychothérapique, le traitement de certains enfants présentant des troubles autistiques, c'était avec l'idée qu'on ne s'en tiendrait pas exclusivement à l'appréhension de type analytique pour guider notre pratique. C'est ainsi que nous avons été conduits à entreprendre des traitements qui mettaient en jeu de façon immédiate le corps de l'enfant.

Nous avons donc élaboré deux approches théoriques, deux modes d'action thérapeutique, tout d'abord la pratique du Holding, puis celle du Packing.

Si le Packing est une technique relativement connue, au moins dans le cadre de la psychiatrie adulte, il n'en va pas de même du Holding, mode d'intervention très direct, élaboré aux États-Unis et bientôt utilisé dans de nombreux pays d'Europe, essentiellement en Italie, en Allemagne, en Belgique et en Suisse.

Avant d'aborder le récit de notre expérience, nous allons proposer un rappel de l'histoire et du développement actuel de ces deux méthodes.

LE PACKING

L'enveloppement humide est un mode de traitement des maladies mentales qui existe depuis le début du XIXe siècle. L'eau est l'élément médiateur entre le corps et l'esprit, perçus comme solidaires dans l'état morbide qui affecte le comportement du sujet aliéné.

En 1820, Vincent Priessnitz, tout à fait étranger au corps médical, entreprend le traitement de « divers maux et blessures » par des applications locales ou générales d'eau froide, voire par immersion. Tandis que des établissements d'hydrothérapie s'ouvrent dans toute l'Europe qui ont pour vocation de soulager les maux d'une clientèle bourgeoise s'adonnant alors aux joies des bains de mer, la psychiatrie va s'approprier ces pratiques en espérant y trouver des vertus calmantes ou plus radicalement curatives des expressions de certaines démences.

Pinel et Esquirol sont associés à ces tentatives. La littérature de l'époque (les annales médico-psychologiques) témoigne d'une utilisation de plus en plus fréquente de l'enveloppement humide. En 1852 parait le *Traité thérapeutique et clinique d'hydrothérapie* de Fleury, élève de Charcot.

C'est alors que s'installe de façon plus précise l'idée d'une action sédative, excitante ou antalgique de l'eau, qu'on s'évertuera à justifier par toutes sortes d'hypothèses qui se réfèrent plus ou moins implicitement aux idées de pureté et de renaissance que l'eau a si souvent symbolisées.

Mais la notion de choc thermique est également présente. Moins innocente, cette vertu soignante devra trouver des justifications dans l'hypothèse d'une salutaire alternance entre vasoconstriction et vasodilatation. Magnan proposera cette thérapie pour traiter les épisodes de manies (*Leçons cliniques*, 1893). Krafft-Ebing, de façon remarquable, justifie l'emploi de ces techniques par l'intuition d'un probable parallélisme psycho-physiologique : « Il n'existe pas de désordre de l'esprit sans désordre du corps et un ébranlement corporel judicieux peut ramener à une harmonie générale. »

Toutefois, alors même que l'enveloppement commençait d'être utilisé comme une thérapie, il devenait l'instrument d'abus certains de la part du corps médical. Il devint assez vite un équivalent répressif identique à la camisole ou à l'épreuve de la douche froide. Ce sont ces excès, l'évidence de cette dérive, qui ont conduit à l'abandon quasi-total de ces pratiques. Elles reparaîtront en France au début des années cinquante, à la suite des travaux d'un américain, Woodbury, qui entreprit de reprendre l'exploration du champ des thérapies corporelles, sans perdre de vue que l'entourage du patient par des soignants « avertis » et la stratégie générale des soins dispensés par l'institution, étaient les conditions d'une application convenable de ces techniques.

Dès cette époque, le Pack ne cessera jamais d'être utilisé dans la pratique psychiatrique auprès des adultes. Si on ne peut parler d'une école française du Packing, on constate en France une persistance de cette pratique dont les références théoriques vont osciller entre deux modèles, qu'on retrouvera parfois combinés.

D'une part, on va privilégier l'idée d'une régression, d'une dépendance du patient, instaurée par l'épreuve de l'enveloppement froid, et gérée immédiatement par l'entourage soignant qui accompagne et facilite le retour d'un sentiment de sécurité dont on espère qu'il continuera d'être ressenti par le sujet après la fin de l'épreuve. Il s'agit de faire la preuve qu'une situation de désarroi peut être vécue et dépassée par la validité du corps et la persistance de sa représentation mentale. Le dépassement de l'épreuve réelle permettant ainsi « la prise de conscience de l'existence corporelle et la relation avec les objets et les personnes » (Sivadon, 1949). Nous ne sommes pas très loin des vertus du Holding selon Winnicott, lequel sera d'ailleurs la référence explicite de certains praticiens plus récents. N. de Coulon, en 1985, présente le Pack comme la création d'un lieu « suffisamment bon », un « espace transitionnel » reproduisant en fin de cure un schéma de sevrage.

D'autre part, on peut distinguer une deuxième tendance de l'interprétation du Packing. Elle se caractérise par une tentative qui s'apparente plutôt à une réactualisation du schéma corporel. Cette appréhension doit beaucoup à l'idée d'un moi éclaté, ou d'un corps ressenti comme disjoint dans l'expérience de la dissociation schizophrénique. De la référence au schéma corporel on passera à l'idée de limitation du corps puis à celle de fonction contenante. La notion de Moi-peau exposée par Didier Anzieu dans de nombreux articles et ouvrages consacrés à la fonction contenante de la peau, identifiée à la fonction contenante du Moi, capable de contenir les pensées, a naturellement contribué à donner à la pratique des enveloppements un élan nouveau.

Toutefois, à quelques rares exceptions près, le Packing ne sera pas utilisé en psychiatrie de l'enfant avant la fin des années 70.

On trouve d'abord quelques articles concernant des adolescents psychotiques et certains polyhandicapés, mais, à notre connaissance, il faut attendre 85 pour voir poindre dans la littérature, avec J.P. Boyer d'une part et J.P. Favre d'autre part, des signes de l'existence de cette pratique avec de jeunes enfants.

L'expérience de P. Delion, récemment relatée dans un ouvrage (*Le Packing*) semble avoir débuté à cette même période. Les ouvrages ou articles concernant le Packing appliqué aux enfants sont à la fois récents et rares. L'interprétation du dispositif et de ses effets est généralement rapportée aux conceptions d'Esther Bick, et à celles de Didier Anzieu, tant il est vrai que le fait d'envelopper un corps ne peut manquer d'évoquer les théories qui font justement état de l'importance de tout ce qui «fait enveloppe» et, particulièrement, de la peau. Les notions d'intériorité et d'extériorité sont alors logiquement invoquées, qui, à leur tour, impliquent la pertinence des figurations kleiniennes comme la projection, l'identification et leurs différentes combinaisons.

Comme on le verra, nous avons préféré à cette voie une approche de type phénoménologique, en restant attentifs au dispositif de confrontation formelle constitué par le Pack. Confrontation d'une forme, celle du corps, soulignée par l'enveloppement sensoriel que le Pack lui procure, avec toutes autres formes, étrangères au sujet, qui se présentent à lui, viennent « à son encontre » et peuvent trouver, grâce au dispositif, l'occasion particulière de passer du champ sensoriel pur à celui des représentations, orientées, sensées et pensables.

LE HOLDING THÉRAPEUTIQUE

Comme souvent, les thérapeutes qui doivent supporter une situation de pionnier ne résistent pas à la tentation de produire des références qui « remontent à l'antiquité ». Les premiers praticiens du Holding qui eurent à répondre du fondement de leur pratique ne manquèrent pas d'invoquer les étreintes les plus mythiques pour asseoir, après coup, le bien fondé de leur pratique. Nous laisserons de côté ces références à la mythologie et à la bible pour évoquer l'émergence de cette pratique qui eut lieu vers la fin des années quarante.

Il semble que les premiers Holdings aient été effectués par un psychiatre américain dont la pratique habituelle s'apparentait aux théories systémiques à venir. Il s'agit de Whitaker, à propos duquel M. Zapella rapporte qu'il a traité pendant plusieurs années les malades présentant des troubles psychotiques consécutifs à la guerre 39-45, en les prenant à bras le corps. Whitaker abandonna ensuite cette pratique sans l'avoir, semble-t-il, tant soit peu théorisée.

Zaslow fait état de tentatives antérieures (Wittmer, 1922) qui se caractérisaient par une contention pure et simple de l'agitation anxieuse. Il est intéressant de constater que l'absence totale de lecture théorique du processus aurait alors, d'après Zaslow, entraîné chez les observateurs professionnels une incompréhension suivie d'une désapprobation aboutissant à l'abandon de ces « Holdings ».

Dans les années 50, c'est une pédopsychiatre norvégienne, Nora Waal, qui reprendra la voie du Holding sur la base de considérations énergétiques typiquement Reichiennes. Elle maintient fermement l'enfant sur ses genoux, elle stimule, elle s'oppose, mais elle reste tentée par une verbalisation interprétative du comportement.

L'enfant est en même temps tenu et sermonné jusqu'à obtenir que le calme s'installe. Cependant, là encore, en dépit de certains succès, il semble que la faiblesse du système théorique ait empêché que les difficultés ou les échecs puissent être acceptés, compris, et éventuellement dépassés. L'expérience a donc cessé après quelques années.

Cette pratique aurait probablement disparu si n'était venue à son secours, ou à sa rencontre, une réflexion éthologique à propos des phénomènes d'attachement observés par Harlow chez les jeunes singes. Dans un article de 1958, l'auteur démontre que chez les jeunes sujets de l'espèce rhésus l'attachement à la mère est indépendant de la satisfaction que celle-ci lui procure en le nourrissant. La recherche du contact prime l'apaisement de la faim.

De façon tout à fait indépendante, le psychanalyste américain Bowlby publie dans la même année 58 un article où il met en question le principe freudien du « drive secondaire », qui pose l'attachement à la mère comme une conséquence de la satisfaction des besoins qu'elle assure à son enfant. Lors du XXIe Congrès international de psychanalyse, Bowlby brise avec la notion de dépendance émotionnelle et propose l'utilisation du terme d'Attachement pour désigner le lien qui s'établit dès la naissance entre l'enfant et la mère. Il s'agirait d'une tendance originelle, innée, dont le développement convenable serait la condition de l'épanouissement du sujet. L'absence de la mère ne ferait donc plus urgence en raison du manque de soin qui pourrait s'en suivre. C'est la séparation qui serait ressentie, en elle-même, comme dangereuse.

Cette innéité du lien sera la base essentielle qui permettra à la thérapie du « Holding » de prendre un essor nouveau, de se maintenir en donnant de son efficacité une explication le plus souvent basée sur l'instauration ou la restauration du phénomène d'Attachement.

C'est Zaslow qui, le premier, va développer sa pratique dans un rapport explicite à cette théorie. Il publie en 69 son premier article, suivi de plusieurs ouvrages qui décrivent une technique où l'essentiel de la tâche est à la charge du ou des thérapeutes qui doivent s'efforcer de maintenir et de contenir l'enfant autiste, fermement, corps à corps. Il insiste sur l'importance des résistances corporelles exprimées par le patient au niveau de la face, des yeux, de la bouche. Ces manifestations doivent être contestées, commentées, interprétées comme les signes d'un rejet, qui devra bientôt céder la place à la reconstitution d'un lien positif : l'Attachement. Les signes de détresses qui donnent naissance immédiatement à un comportement marqué par la haine doivent être «pris en charge par un comportement de protestation très actif, une énergie, capable de reconstituer le lien positif initialement rompu». La pratique du Holding selon Zaslow, qui se caractérise par une assurance certaine et une intrusivité décidée, va concerner un nombre important d'enfants et d'adultes souffrant de troubles psychiatriques très divers. Le principe de la libération d'une colère due à la rupture ou à la fragilisation du lien mère-enfant, l'acceptation pleine et entière des manifestations de cette colère, l'inversion de cette haine en manifestations positives de l'Attachement, ces trois étapes vont constituer la base d'une pratique qui va s'étendre aux États-Unis, puis en Europe.

Il existe bien sûr beaucoup de variantes, dont celle de Friedman, un psychologue de Los Angeles, qui utilise le Holding dans certains cas nécessitant le rééquilibrage des relations d'autorité entre parents et enfants. Il s'agit alors d'une application du Holding dans le cadre de la thérapie transactionnelle.

Avant d'évoquer les développements de cette méthode en Europe, on mentionnera encore deux thérapeutes américains, J. Allan et Martha Welch.

John Allan est un élève de Zaslow qui élabora une pratique dans laquelle le Holding vise l'instauration d'une sorte de plate-forme d'échanges, à caractère éducatif, voire pédagogique. Les écrits concernant ce thérapeute font état de sa créativité, de la délicatesse dont il use pour transformer rapidement l'épreuve de force représentée par les premiers instants d'une séance en une longue et productive réconciliation.

La position de Martha Welch, si elle ne constitue pas une rupture par rapport à Zaslow, est moins exclusivement liée aux observations de type éthologique. Cette thérapeute se réfère également à Winnicott et, d'une façon générale, sa pratique semble essentiellement intuitive. Elle considère qu'il existe une sorte de barrière qui interdit le contact et l'échange entre l'enfant autiste et sa mère, que cette barrière doit être rompue par tous les moyens, et que le Holding apparaît comme la façon la plus sûre de produire une brèche définitive dans le court-circuit autistique. Dans un article très explicite inclus dans l'ouvrage de Niko Tinbergen (*Autismus der Kinderheit*), Martha Welch insiste sur les détails du dispositif technique. Elle donne à la mère la place essentielle et assigne au thérapeute la responsabilité de soutenir, d'encourager et de donner du sens aux manifestations de l'enfant. D'un point de vue à la fois formel et théorique, c'est là que M. Welch s'écarte tant soit peu de la pratique de Zaslow et de ses élèves qui tenaient à assurer eux-mêmes le Holding comme une intervention, une pure intrusion de l'autre dans le jeu éthologique de l'Attachement. Elle remarque également que le Holding possède une vertu particulière, que nous avons d'ailleurs souvent remarquée, celle d'aider au diagnostic et à la compréhension de la dynamique familiale. Pour les Tinbergen, éthologistes autrichiens, la pratique de Martha Welch est considérée comme exemplaire, en ceci qu'elle s'attache à vaincre le mécanisme du « conflit motivationnel » qui maintient l'enfant autiste dans une incapacité de décider, c'est-à-dire de se laisser entraîner par une motivation, sans être retenu par une motivation contraire. Ce cercle serait responsable de l'évitement ou de l'échec du contact mère-enfant que Martha Welch n'hésite pas à interpréter en terme d'amour. Il y aurait, de la part de la mère, une impossibilité accidentelle d'aimer son enfant, et le Holding lui permettrait de croire à nouveau en sa capacité d'être une mère aimante. La fin du conflit motivationnel de l'enfant passerait par l'assurance retrouvée d'une mère, capable de forcer le dispositif d'indécision et d'évitement qui retient son enfant loin d'elle.

Ce type d'interprétation est très proche de celui de Jirina Prekop, thérapeute allemande, qui pratique des Holdings dans le cadre d'une consultation, à l'hôpital de Stuttgart. Celle-ci ne se soucie guère d'éthologie. Appliquant sur une vaste échelle une méthode proche de celle de M. Welch, elle a obtenu (d'après M. Zapella) la guérison complète de 13 enfants et une grande amélioration chez 19 autres typiquement autistes à partir d'une centaine de cas traités. Elle insiste beaucoup sur le rôle des stéréotypies dans l'économie autosuffisante de l'autisme. Mais on peut regretter que le souci d'interprétation théorique soit effacé par le recours précipité aux vertus de l'amour maternel, sorte d'élixir « irréfutable ». Nous aurons l'occasion de revenir sur la pratique de Jirina Prekop au cours du récit de notre propre expérience. C'est, en effet, après avoir effectué un stage dans son service, que nous avons entrepris la pratique du Holding. Sa personnalité, énergique et généreuse, sa sincérité nous ont encouragé à engager notre propre expérience. Nous avons toutefois laissé de côté l'amour maternel pour former notre théorie...

Michele Zapella, pédopsychiatre italien travaillant à Sienne, apparaît comme le théoricien européen du Holding. Formé par l'enseignement et la recherche de Zaslow, il est plus qu'un simple élève dans la mesure où il intègre des références relativisant tant soit peu l'importance de la théorie de l'Attachement. Il ne renie absolument pas cette origine et se réjouit, comme bien d'autres, du dépassement du modèle freudien qui fait du lien mère-enfant une conséquence de la satisfaction par la mère des besoins de l'enfant. Toutefois, Zapella se montre peut-être plus soucieux que Zaslow d'intégrer à sa théorie des références plus nombreuses et moins directement concordantes. Il est sensible à la multiplicité des interprétations qui pourraient, elles aussi, rendre compte des progrès obtenus par le Holding. Ainsi, sa méthode, dite « étho-dynamique », laisse-t-elle une place à deux autres modes d'appréhension. Il s'agit de l'analyse transactionnelle et de l'analyse systémique appelées à éclairer certains des remaniements que l'étreinte forcée ne peut manquer d'opérer sur l'ensemble de la structure familiale. Par exemple, lors du déroulement d'une séance, le thérapeute peut remarquer une interaction néfaste entre un état du « Je » type « parent critique » et un comportement de l'enfant de type « enfant adapté ». Cette conjonction formerait un cercle interactif qui prolongerait la situation autistique. Par ailleurs, nous dit Zapella, « il est clair que le thérapeute doit aussi avoir une vision systémique de la famille avec laquelle il se prépare à travailler ».

Quant à la méthode proprement dite, elle privilégie, et c'est là une constante européenne, la participation des parents et particulièrement de la mère, qui est invitée, après une période d'initiation suffisante, à poursuivre seule le traitement.

De cette brève présentation de la pratique du Holding, il me semble que deux caractéristiques se dégagent.

D'une part, une certaine brièveté des démarches théoriques qui tournent parfois à l'exploitation d'une idée fixe, celle de la réparation du lien, de la restauration de l'Attachement par la pratique, par la mise en scène contrariante de cet Attachement même. C'est l'intrusion, dont on attend qu'elle triomphe de l'organisation autistique par la force d'une insistance qui semble parfois aveugle. Quant aux échecs de cette tactique, ils ne semblent pas faire partie du même corpus théorique. On les compte, mais on ne compte pas avec.

D'autre part, comme pour compenser la brièveté de cette inspiration unique, on voit les thérapeutes recourir à des «idées complémentaires». En parcourant les écrits des auteurs dont nous venons de parler, on rencontre des emprunts à la psychologie du développement, à la psychanalyse, à la neurologie, à la pédagogie ou encore, comme nous l'avons signalé à l'instant, à l'analyse transactionnelle ou systémique. Quant au modèle cybernétique, il est préféré à l'énergétique, mais, un peu plus loin, le même auteur compte bien que l'énergie négative, issue de la colère, se transforme en énergie positive... L'amour, enfin, peut lui aussi être convoqué pour coiffer l'ensemble théorie-pratique qu'on a peu de goût à mettre plus en forme.

Cet ensemble témoigne évidemment d'un certain embarras qui n'a rien de surprenant si l'on songe que tous ces auteurs, tous ces thérapeutes s'attaquent à l'impossible, ou presque : guérir un enfant autiste. Il serait donc bien vain de s'attarder à relever les incohérences ou les contradictions.

Mais, sur le point de proposer une nouvelle approche de cette thérapie, la constatation d'une telle diversité embarrassée doit nous inciter à produire, autant qu'il est possible, un modèle suffisamment simple pour ne pas ajouter une trouvaille hétérogène à un ensemble déjà constitué d'emprunts théoriques variés. Mais aussi, un modèle suffisamment complexe pour éviter de devoir sans cesse y adjoindre des hypothèses complémentaires qui pourraient, à la longue, en défaire l'unité et le rendre illisible.

Il s'agit de proposer un système capable de fournir l'interprétation du Holding, de ses succès comme de ses échecs. Un système qui ne chercherait pas à se constituer en entité infalsifiable, et qui s'offrirait donc à la réfutation.

*
* *

« L'autisme attrapé par le corps » est le récit de la mise en œuvre et de la « mise en théorie » de deux formes de thérapie corporelle, le Packing et le Holding, dans le traitement des enfants présentant des troubles autistiques. Le cadre de ce travail est l'Unité Psychothérapique d'un Institut Médico-Educatif situé en région parisienne.

Cette expérience a été menée selon une dynamique de recherche-action qui s'est développée grâce à la cohésion d'une équipe soignante attachée depuis plus de dix ans à la recherche des voies de l'efficacité, au sein d'une problématique dont on connaît la difficulté.

Les éducatrices spécialisées qui ont participé, et qui, aujourd'hui encore, participent à ce travail, sont : Catherine Amossé, Véronique Dupressoir, Eveline Günther, Michèle Multedo, Françoise Pavan, Isabelle Ruyssens, Antonella Tridon.

PREMIÈRE PARTIE

L'AUTISME ATTRAPÉ
PAR LE CORPS

Chapitre 1
Observer et prendre en charge l'enfant autiste

Les comportements d'Isabelle n'étaient pas si étranges. Elle avait des préférences, elle semblait parfois user de stratégie, ses manières apparaissaient superposables aux nôtres. Il me semblait qu'elle ne pouvait éviter de partager avec nous quelques points communs. De ces points je voulais en tirer un, point de départ, pour négocier peu à peu avec elle le retour aux avantages de la vie ordinaire d'une petite fille, avec poupées adorées mais «à charge», crainte des garçons, brutaux mais intéressants, et la corde à sauter pour passer le temps.

Je la voyais souvent échapper à son éducatrice pour aller dans le couloir esquisser les sauts d'un jeu de marelle imaginaire avec un sourire d'accompagnement tout à fait convaincant et pour finir, faire demi tour, rejeter en arrière un casque de cheveux noirs et bouclés, courir vers «sa salle», retourner dans «son groupe» où je la retrouvais collée un peu trop fermement aux genoux de l'éducatrice qui la recueillait machinalement.

Quoi de plus banal que ce petit trajet d'enfant? On pouvait penser qu'elle avait, durant cette déambulation, imaginé mille choses, enchaîné un train de pensées qui l'avait conduite à bon port, depuis les essais d'envols du petit jeu de marelle jusqu'au refuge intelligent d'une «mère» toujours prête, en toute ignorance, à réparer machinalement les déceptions inévitables de l'enfance.

Tout y était, une vraie beauté d'enfant, l'agilité et le sens de l'esquive, jusqu'aux petits penchants d'usage, la gourmandise, jouer avec l'eau et enfin les câlins. Mais là justement ça n'allait plus. On n'avait pas tardé à remarquer qu'elle se précipitait pour adhérer à notre corps sans se soucier de l'accueil qu'on lui réservait. Repoussée elle se portait instantanément ailleurs. Et si ailleurs la prise se dérobait elle recherchait au plus vite la panse molle d'un réconfort plus certain : un coussin, un polochon, un ourson, le divan.

Cette constatation avait peu à peu produit son effet, apporté ses conséquences. On la rejetait de plus en plus souvent. Ces rejets successifs, Isabelle, bien sûr, ne s'en formalisait pas. Il y avait bien d'autres manières de faire en sorte que «ça colle». Mouiller les vêtements des poupées, un peu de salive faisait l'affaire et les petites pin-up, les barbies, se trouvaient moulées dans leur slip et leur corsage. Elle les épluchait alors doucement et recommençait d'humecter les minuscules vêtements avant d'en revêtir les petits mannequins roses.

Bien sûr elle est allée plus loin. En se lavant les mains, elle a découvert que les manches aussi ça pouvait coller. L'eau du robinet, le filet malin qui coule dans la manche jusqu'au coude, il suffisait d'en prolonger l'expérience glaciale pour que les étoffes et la peau se trouvent bientôt confondues et que les bras mouillés, enrobés, pris par les manches, elle puisse les promener devant elle comme une entité nouvelle. Comme un morceau sensible, récemment conquis. Elle souriait, heureuse, elle arpentait le couloir, les bras en avant.

On aurait pu s'y tromper, un quidam aurait pu croire qu'elle cherchait à prendre, à étreindre. Moi je la voyais plutôt emmenée, emportée par le mouvement de suivre, pour la partager, l'existence nouvelle et provisoire de ses deux bras.

J'imaginais la poursuite du chemin indiqué par Isabelle. La prendre au mot, la prendre à l'acte, empoigner par les deux bras cette petite brouette qui se promenait seule et puis la diriger fermement vers une immersion quelconque. La baignoire aurait fait l'affaire. On aurait tout collé. Puisqu'elle était si contente des bras collés, pourquoi ne pas étendre le traitement aux jambes et puis au tronc bien sûr, à tout le reste enfin, un vrai baptême. Ces choses-là se pensent. Mais je me voyais mal proposer une sorte de traitement humide de l'autisme.

Et puis cette expérience, Isabelle l'avait déjà menée. En novembre dernier, elle était entrée habillée dans la piscine pour en ressortir parfaitement collée, heureuse. Il avait bien fallu la déshabiller, la remettre au sec. Et puis oublier ça. Comment donner suite en effet ? On ne pouvait guère instituer des promenades aquatiques. Les traversées auraient pu durer longtemps, infiniment. Être sèche, entrer dans l'eau, habillée, descendre au fond, sur les épaules et sur le dos le poids de l'eau et des vêtements épaissis, les mouvements ralentis mais forts, conscients, possibles, le confort d'un emprisonnement ajusté, bien à soi, soi-même en somme, comment quitter tout ça ?

Avec ces enfants illimités on ne tarde jamais à trouver l'embarras. Ainsi, personne n'aurait voulu suivre Isabelle dans l'extension des limites qu'elle proposait jusqu'au réel de l'inanition ou de la noyade. Ne sommes-nous pas là pour garantir au contraire le savoir-vivre, interdire la mort, limiter les plaisirs, organiser le jeu des regrets et du désir ?

*
* *

Isabelle a beaucoup insisté, elle a multiplié les enveloppements, les contacts adhérents, elle a uriné, mouillé son linge et exhibé sa peau collée au nylon mouillé. Un stagiaire récemment arrivé m'a indiqué que tout ceci lui évoquait les tentatives de construction d'un Moi à partir du corps, ou mieux encore, de son enveloppe, une manifestation du Moi-peau.

J'étais embarrassé par la référence. Mon hésitation étonnait. J'aurais dû être content, j'avais affaire à des troubles archaïques, très gênants pour le fonctionnement du service et l'on m'offrait l'occasion d'une interprétation, un «corpus théorique» nouveau, capable de fournir du sens.

Qu'est-ce qu'elle faisait Isabelle? Elle montrait sa peau! Elle en restaurait la continuité incertaine par le plaquage d'une seconde peau mouillée. Son goût pour l'immersion ne faisait que dénoter le besoin d'être toute entière contenue par l'eau, et le plaisir de s'éprouver située au sein d'un élément qui lui gardait sa place, en réserve. Un enveloppement tendre et tenace, infiniment tolérant. En effet, l'eau ouvre pour vous, en elle, l'espace qui vous suffit exactement. Agitez-vous, elle fait de même, un peu comme vous, autour de vous. Elle bouge de façon lourde et imparfaite, mais vous aussi, vous êtes lourd maintenant, vous bougez mal, vous êtes comme elle, elle vous tient, vous êtes fait.

S'il avait pu parler, il m'aurait dit des choses comme ça, le stagiaire. Mais j'avais la prudence de lui couper la parole quand j'apercevais l'arrivée de son «idée». Il risquait de faire des adeptes, à force d'imaginer tout haut la reconstitution du Moi d'Isabelle, en commençant par la peau.

L'idée pourtant n'était pas ridicule. Ce qu'on a coutume d'imaginer à la place du Moi ressemble toujours peu ou prou à une tour, un nœud, une masse centrale qui donne du leste, de l'aplomb pour l'édifice, un petit grain atomique qui se connaît lui-même et qui tient à distance tout ce qui n'est pas lui. Et bien sûr j'étais sensible à l'impression d'inconsistance du Moi qui se dégageait du comportement d'Isabelle. Par ailleurs, quand elle parcourait à cloche-pied sa marelle imaginaire, quand elle s'asseyait brusquement pour se lever aussitôt, quand elle enchaînait les actions, je voyais bien que rien de tout cela n'était stupidement lié au hasard. L'enchaînement, au moins, devait être logique. Il avait probablement la «qualité logique». Elle réagissait de façon monotone à la suite monotone des sensations qui venaient à elle. Manquait le nœud. Rien pour critiquer. Pas de calcul. On pouvait suivre longtemps le fil de l'acte, ça ne se recoupait pas, ça recommençait ou bien ça s'arrêtait, mais ça ne faisait jamais comme un réseau, l'épaisseur manquait, les mailles filaient.

Un souvenir me revenait. Lacan disait qu'un réseau, ça se repérait à ça, que, quand on y était, on repassait par les mêmes points, on recoupait son chemin. On pense alors à un plan, au plan du métro, à la consistance de son maillage, à certains croisements saturés. Ça tient ensemble un réseau. Quand ça file sur le bas nylon, on voit bien le réseau se défaire, craquer, laisser passer la chair. Lacan parlait de « *la cascade des remaniements du signifiant d'où procédait le désastre croissant de l'Imaginaire, jusqu'à ce que le niveau soit atteint où signifiant et signifié se stabilisent dans la métaphore délirante* ».

J'imaginais toutes les correspondances terme à terme entre les mots et leurs morceaux, entre les bribes de sens de toutes sortes apprises dès l'enfance, dès la naissance, et je voyais tout le système se mettre en mouvement. Je le voyais glisser. Toutes les ressemblances, les oppositions, les contraires et les synonymes. Toute cette matière habituellement souple mais consistante qui est la langue, je la voyais se trouer, se défaire et perdre son architecture dans une sorte de séisme, de remaniement anarchique se poursuivant jusqu'au sol d'une stabilité de fantaisie qui offrait pour finir l'aspect d'un paysage de fortune, le spectacle d'un arrangement ridicule et malheureux, évocateur de certaines productions surréalistes comptant sur un dérèglement systématique des rapports entre les objets, pour obtenir un rendement poétique « automatique ».

L'admiration pour les constructions délirantes ne m'a jamais gagné. Il y a trop de délires sans grâce, laborieux, contraignants, pauvres.

Mais chez Isabelle cet élément était de toute façon absent ; aucun délire ne venait sanctionner la faillite du langage. On percevait plutôt l'absence de toute complexité et la persistance d'une organisation simple, linéaire, satisfaisante, détachée du souci de communication comme de toute participation à la chaîne parlée.

Les va-et-vient, dont je disais à l'instant qu'ils ne formaient pas un réseau, manifestaient seulement la liaison entre les stimuli distribués par le réel ambiant et leurs conséquences chorégraphiques.

Se lever et puis s'asseoir. Changer de place brusquement. D'une allure décidée, sortir. Et puis rentrer. S'asseoir. Ces enchaînements réactifs nous ennuyaient, nous attristaient. On l'aurait bien suppliée de faire ce qu'il est convenu d'appeler «quelque chose». C'est-à-dire à peu près la même chose mais de façon telle, de façon tellement plus compliquée, qu'on n'apercevrait plus sa manière ouvertement désespérante de tuer le temps.

Il m'arrive d'ailleurs de penser qu'il n'y a pas de différence essentielle entre les va-et-vient, le système de passe-temps d'Isabelle, et puis nos systèmes à nous, hommes communs, pour traverser, occuper le temps en l'oubliant. Nous aussi ne faisons qu'enchaîner, former des suites selon un système qui réclame la rupture et la liaison d'éléments discrets, éprouvés et distingués dans et par la différence.

Quand nous faisons un discours, quand nous jouons du violoncelle, quand nous enchaînons les coups d'une partie d'échec ou bien même de tennis, que faisons-nous sinon jouer de la différence et de la rupture ? Nous sommes bien contents d'éprouver tous les reliefs, toutes les aspérités du changement, ça nous fait être. Mais pour être il y a une chose qu'on n'oublie jamais et dont Isabelle se moque bien. On n'oublie pas qu'il faut paraître.

Être sans paraître, c'est la transparence assurée, la ruine de l'illusion. Or, ce qui est merveilleux avec l'illusion et l'espace qu'elle ouvre, c'est qu'on peut s'y voir entier, on peut s'y appréhender comme un être fini, désirable. On peut s'y voir en train de jouer au tennis, en train «d'être tennisman». Ce qui vous mène un peu plus loin que le simple enchaînement logique des revers et des coups droits. On peut avoir une illusion, la faire partager à l'autre, à celui d'en face, lequel ne manquera pas de vous rendre le même service.

C'est de cette façon que la simplicité des enchaînements, la monotonie des passe-temps disparaissent derrière une complexité qui est toute entière consacrée à l'entretien et à l'expansion de l'espace d'illusion. Les règles du jeu, les conventions de toutes sortes sont là pour permettre une multiplication des figures qui assure l'escamotage d'une simplicité binaire qu'on pourrait retrouver au principe du passe-temps d'Isabelle comme à l'origine d'actions plus remarquables. En même temps, cette complexité travaille à l'érection du bonhomme unifié qui semble abriter en lui la recette de l'existence vraie, entière et sûre d'elle-même, l'existence de quelqu'un qu'on aimerait... être.

Mais déguiser la simplicité, la métamorphoser au sein d'un affairement complexe, là n'était pas le souci de cette enfant qui assurait pour elle-même le maintien d'un service minimum. L'éprouvé sensoriel suffisant à son être. Paraître ne la concernait pas, elle n'avait probablement jamais été conduite vers cette expérience.

Isabelle s'affichait transparente. La blessure qu'elle nous infligeait provenait de cette obscénité. Les dommages causés à son image par l'aveu constant qu'elle manifestait de sa soumission à l'ordre des choses donnaient la mesure du mépris dans lequel elle tenait l'existence et toutes les afféteries narcissiques de la consistance imaginaire.

Mais l'idée du Moi-peau faisait son chemin. Une éducatrice et deux infirmières m'avaient fait savoir chacune à leur manière «qu'il faudrait essayer de faire quelque chose pour Isabelle». Une prise en charge, un travail à partir de l'eau... Elles attendaient un signe pour se lancer dans la natation constructive, les jeux de transvasement (où les contenus changeraient de contenants), des immersions quotidiennes et bien commentées qui pourraient la rassurer; on pourrait la soutenir dans l'eau, la faire s'éprouver contenue tandis qu'elle continuerait ses transvasements. Bref, une pratique psychologique en milieu aquatique dont il me restait à régler les détails.

L'eau produirait un enveloppement vivant et rassurant. L'éducatrice qui partagerait l'expérience verbaliserait bientôt l'équivalence entre la situation d'Isabelle et celle de l'eau contenue dans les récipients qu'elle manipulait, pour lui faire saisir combien son enveloppement naturel, sa peau, suffisait à garantir la conservation de son intégrité et l'assurance de son identité. De manière analogique, elle finirait par éprouver la contention possible des pensées, une idée d'elle-même et du reste du monde. Jusqu'à basculer dans le jeu de «penser».

Je me retrouvais au pied du mur qui sépare les «idées» de leur mise en jeu pratique. La production d'un effet thérapeutique à partir d'une mise en scène, d'un montage parallèle entre la fonction contenante de certains objets et la fonction contenante de la peau... Il fallait donc imaginer Isabelle accueillant l'évidence du rapport entre la fonction contenante de la peau et celle de son Moi (un Moi dont nous étions censés déclencher la formation). Il fallait la conduire à former des contenants pour des contenus. Alors ces pensées, contenues, deviendraient pensables grâce à une configuration psychique inspirée immédiatement du corps.

Ce montage théorique, pour le justifier, le faire vivre, l'exercer, il allait falloir forcer, pratiquer sur moi-même et sur tous les protagonistes, avec leur accord, à leur demande, une sorte de petite luxation intelligente de la raison, de façon qu'on aperçoive, pour finir, le défilé des améliorations dans le prolongement de la construction théorique. Combien de temps tout cela tiendrait-il? Ce montage, que laisserait-il derrière lui?

En évoquant une théorie de cette façon, je cours le risque de la discréditer sans la réfuter. Et de passer pour un barbare qui tire sur les idées au nom d'une réalité qui leur échappe et les ridiculise.

Mais ce que j'entreprends ici tient du récit. Et je peux bien y faire état de sentiments, d'impressions, sans prétendre défaire à la manière universitaire telle ou telle théorie. Le Moi-peau, le «trou noir de la psyché» (Tustin) ou le «démantèlement» selon Meltzer, tous ces modèles ont incontestablement leur raison d'être. Je n'écris pas pour en médire. J'écris pour dire combien il m'était difficile, à ce moment de ma pratique, d'adopter une de ces conceptions, de m'y adapter, et de renoncer au développement d'un modèle qu'on n'ose jamais, le sien propre.

On ne l'ose pas parce qu'il est pluriel, fragmentaire et changeant. Parce qu'il abrite des contradictions. Parce qu'il emprunte à d'autres quelques détails d'un ensemble qu'on désapprouve. Dans cette situation, on se trouve à la tête d'une somme d'intuitions qu'il faut pourtant se résoudre à mettre en file, selon un axe qu'on appelle une Idée. Mais un certain découragement peut s'emparer du clinicien qui se résigne alors au confinement de son modèle intuitif dans l'espace implicite qu'il partage avec ses collaborateurs. Enfin, par défaut, il choisira comme fétiche une théorie éprouvée dont il défendra toute sa vie la renommée.

Par Moi-peau, Didier Anzieu désignait une «*figuration dont le moi de l'enfant se sert au cours des phases précoces de son développement pour se représenter lui-même comme moi contenant les contenus psychiques*». Ce point de vue, assez analogique, pouvait séduire et convaincre... En tout cas, il fonctionnait à merveille sur le Moi du stagiaire. On aurait dit que l'étudiant «*au cours des phases précoces de son développement*» trouvait une figuration «*pour se représenter lui-même comme moi contenant les contenus psychiques*».

*
* *

J'aimais bien le stagiaire, je le trouvais sincère et malin. La séduction théorique dont il était l'objet, je l'avais maintes fois rencontrée. C'était comme le pressentiment d'une solution imminente, l'impression de toutes les solutions. Au hasard de mes lectures récentes, j'avais rencontré une formule plus radicale encore : la solution de toute façon. Organisée en réseau, selon une concaténation bariolée, la totalité des conceptions anglo-saxonnes, kleiniennes et post, délivrait l'interprétation claire de cas cliniques très significatifs. En découvrant cette facilité, cette profusion, tous ces sens éveillés par l'analyse, j'éprouvais un certain dépit. Moi j'étais dans la pénurie. Eux, dans la représentation mal ficelée d'un coucher de soleil enfantin, ils apercevaient clairement les traces, les signes de la fausse couche qui avait précédé la naissance de Pierre B. ou les débuts épileptiques de Cécile D... C'était dit sous réserve, on y mettait les guillemets, on s'interrogeait...

Mais c'était dit, c'était même écrit. Il ne faisait pas bon douter ouvertement de la pertinence du filon interprétatif. Le stagiaire, lui, heureusement, il en doutait. Et nous étions implicitement d'accord là-dessus : on ne pourrait jamais mobiliser quelque chose de l'autiste en lui communiquant adroitement l'interprétation de son autisme.

C'est pourquoi son désir d'entreprendre avec Isabelle une prise en charge à « bras-le-corps » rencontrait chez moi un accord de principe.

* * *

Depuis quelques années j'avais commencé de pratiquer la thérapie dite du « Holding », caractérisée par une intrusion au sein du continuum sensori-moteur produit spontanément par l'autiste. Cette intrusion était réalisée par la contention de l'enfant. Une contention assurée généralement par la mère venait contrarier l'agitation stéréotypée et l'évitement systématique du contact, qui représentent deux caractéristiques essentielles de l'autisme. Je tenais à ce que les parents accomplissent eux-mêmes la manœuvre, qu'ils en comprennent le sens, qu'ils résistent à l'agitation de leur enfant le temps nécessaire pour que celui-ci fasse l'épreuve d'une maîtrise inattendue, retrouvée, capable de produire un phénomène nouveau, une certaine forme de limite. Non pas la limite naturelle imposée par le réel du monde tel quel, mais une limite construite par l'arbitraire de quelqu'un, de quelqu'un d'autre.

Mais les parents d'Isabelle, s'ils comprenaient la démarche, se déclaraient, spontanément et définitivement, incapables d'appliquer la méthode. Inutile d'insister.

Restait donc à « pratiquer » autrement. Frictions, immersions, massages... De toutes façons, le stagiaire m'attendait dans les parages d'un corps à corps constructif où, disait-il, il n'était pas question de *passer à l'acte* mais de *passer par l'acte*... J'avais rapidement réfléchi à ça et je trouvais la formule creuse. Comment passer par Lyon sans aller à Lyon ? Mais enfin, il avait trouvé ça quelque part et s'était dit que ça pourrait me servir. C'est dire qu'il était tout à fait décidé à m'aider, à m'accompagner un temps dans ma solitude.

J'étais seul en effet. Pas seul au monde, car le Holding se pratiquait et se pratique en Europe comme aux États-Unis. Mais en France, j'étais pour le moins isolé.

C'est dans cette situation que j'avais dû produire une théorie pour le Holding, dans la mesure où aucune de celles qui se proposaient en Italie, en Allemagne ou dans les pays anglo-saxons ne me convenait. En effet, il y était toujours question d'amour, de retrouvailles naturelles et instinctives entre la mère et l'enfant sans oublier de congédier Freud. Ça semblait même urgent, pour certains, qui refusaient de voir les effusions de l'amour mère enfant, pures vapeurs, mêlées et confondues avec la fumée des intuitions freudiennes.

Il fallait tourner la page et refuser d'apercevoir les relations de dépendance qui structurent les rapports de l'enfant à sa mère dès les premières minutes de la vie. Il n'y avait là que fumée sans feu. Il fallait ne compter que sur l'amour rien que l'amour. Ou alors, plus éthologique, plus animal, plus «scientifique», un pur instinct, l'innéité même : «l'attachement».

Tout cela m'avait poussé à élaborer une théorie du Holding ignorante des *récentes-observations-effectuées-chez-les-singes*, et susceptible de s'accorder un peu mieux à mes croyances et à mes origines intellectuelles.

J'avais exposé cette théorie dans un article un peu controversé. Des étudiants l'avaient lu et mon stagiaire en était. De cet article, une formule, une phrase l'avait touché, c'était celle-ci :

« Si la condition pour qu'un sujet se saisisse comme tel est que son corps soit saisi de mémoire, il devient nécessaire, lorsque le corps s'est précocement organisé dans l'oubli, que quelqu'un s'en saisisse de telle façon qu'il s'en souvienne.»

Il était revenu plusieurs fois sur cette formulation heureuse afin de m'inciter à en tirer les conséquences. Il ne voulait pas que j'oublie que, s'il était là, s'il avait entrepris le «voyage» jusqu'à mon territoire, c'était pour m'y voir à l'œuvre.

Les parents d'Isabelle ne pouvaient collaborer au Holding thérapeutique de leur enfant...? Qu'à cela ne tienne, il fallait de toute façon saisir le corps, le toucher, l'environner de façon que la formule qu'il trouvait si juste, si bien balancée, ne reste pas orpheline.

Ce qui m'arrêtait, c'était la perspective de devoir incorporer quelques-uns de ces nouveaux concepts dont le paysage de notre discipline apparaissait déjà fort encombré. En effet, dans ce domaine où rien n'est véritablement prouvable, chacun a le loisir d'installer des stades et des distinctions, multipliant les possibilités et les combinaisons, qui ne cessent d'épaissir la végétation d'un savoir toujours plus accueillant, infiniment logeable, capable de générer et d'abriter des significations détachées de toute contingence.

Cette diversité qui, en elle-même, n'a rien de choquant, permet toutefois la formation de courants, oublieux de leurs origines et de leurs emprunts, qui entrelacent les récits cliniques, les allusions théoriques et les résultats obtenus.

Ainsi, chaque nouveauté peut sembler une découverte quand elle est seulement la énième exposition d'une application kleinienne.

Des catégories comme l'intérieur, l'extérieur, la projection, l'introjection, l'incorporation, l'expulsion et l'identification, tous ces « objets » sont ainsi régulièrement croisés avec la trame freudienne pour obtenir un tissu, un réseau qui se complique de lui-même. Par son rendement, son côté « réponse à tout », il s'impose comme une vérité. Il dit le vrai.

À propos du vrai, Bion écrit ceci : « *Dans la méthodologie psychanalytique, le critère n'est pas de savoir si tel ou tel emploi est correct ou incorrect, pertinent ou vérifiable, mais s'il favorise ou non le développement.* »

Cette proposition est tout à fait acceptable dans le cadre de l'analyse et de son *développement*. Progrès et remaniements peuvent y advenir au sein d'une méconnaissance prévue, en elle-même productive. Mais il faudrait cesser de « faire comme si » ce qui est bon pour la pratique analytique est suffisamment bon pour la réflexion et l'élaboration théorique.

La théorie est certes un *développement*, mais elle n'a pas le droit de se prétendre telle, si elle n'est que cela. Elle doit pouvoir rendre compte de ses origines et de ses limites. Alors elle devient ou demeure critiquable et applicable.

Quant à la théorie du Moi-peau, précisément et soigneusement étayée, elle ne souffrait, il est vrai, d'aucune inconsistance. Si je refusais de m'y associer pour la prolonger ou l'illustrer, c'est qu'avant tout, je préférais tenter une mise en forme théorique combinant quelques éléments essentiels, directement issus de l'expérience. À charge pour moi de veiller au maintien de l'exercice critique, seul capable de transformer une quelconque hypothèse en proposition acceptable. Je cherchais donc un sol élémentaire, plus immédiat en tout cas que celui d'une théorie du Moi déjà élaborée.

Chapitre 2
Rencontre avec le Holding thérapeutique

Je reviendrai plus tard à Isabelle et au problème de son traitement, à mes démêlés avec le stagiaire et ses supporters toujours plus nombreux. Je laisserai tout ceci en suspens pour exposer d'abord les circonstances de mon recours au Holding et la découverte de sa pratique.

Cette découverte eut lieu tandis que le comportement d'un jeune garçon autiste me posait de gros problèmes. L'agitation, le retrait, le mutisme ou les cris, les stéréotypies, c'était l'ensemble habituel des signes qui permettent un diagnostic aussi aisé qu'inutile. Il était prévisible qu'un sentiment d'impuissance allait bientôt envahir ceux dont la tâche, le « devoir », était de veiller à ce que tout cela prenne sens et s'arrange. On échouerait sûrement à installer de l'existence dans la vie de Vivien. Et je commençais à imaginer la composition d'un traitement neuroleptique. Léger, bien sûr. Il faudrait en parler aux parents... Certains ne manqueraient pas d'y apercevoir une facilité. On parlerait de camisole chimique. D'autres seraient déçus par un tel « mépris du symptôme ». D'autres, enfin, me proposeraient d'emmener régulièrement Vivien à la piscine. Mais, dans quelques mois, tous seraient d'accord pour se déclarer épuisés et débordés si le tintamarre des symptômes s'éternisait.

En attendant, j'avais l'idée simple qu'il serait bon pour Vivien qu'on l'empêche physiquement de tourner sur lui-même et de sauter à pieds joints toujours plus haut. Dans son agitation élastique, j'avais l'impression qu'il se perdait. Je conseillais régulièrement à son éducatrice d'interdire à bras-le-corps cette gymnastique spectaculaire. Ma prescription avait l'avantage de produire une réponse et d'explorer ce qui, à première vue, apparaissait comme une impasse. En effet, au lieu d'instaurer une médiation (du tiers), je conseillais un duel idiot. La confiance que mes collaborateurs me gardaient me permit toutefois de prolonger cette expérience assez longtemps pour constater qu'elle apportait un soulagement aux deux parties. Vivien devenait plus calme. Et sans avoir l'envergure d'un projet thérapeutique, cette prescription évitait que se prolonge une relation informe et décourageante entre lui et nous. Bien sûr, on prenait l'enfant comme avec des pincettes. On n'osait guère, on ne le serrait pas trop fort et quand la situation se prolongeait, la honte venait interrompre l'exercice de cette contention.

*
* *

Une éducatrice, d'origine allemande, Eveline Günther, m'apporta alors une série d'articles très optimistes qui décrivaient la pratique du Holding avec les enfants autistes. La chose se passait à l'hôpital de Stuttgart, en consultation de pédopsychiatrie.

Un mois plus tard, j'y étais et j'assistais pendant une semaine aux séances de *Festhaltetherapie* (la thérapie par le maintien) dirigées par le docteur Prekop.

Le docteur était une dame imposante, chevelure gris fer, directe et chaleureuse. Elle avait prévu de m'initier en procédant sans tarder aux séances.

La première concernait un enfant de 6 ans qui marchait sur la pointe des pieds, riait en fixant le plafond et restait soigneusement sourd à toutes les sollicitations. On avait beau l'appeler : « Markus ! Markuus ! Markuuus ! », le gamin continuait à virevolter hardiment, en marche avant, et puis en marche arrière.

Frau Prekop écoutait avec une attention impressionnante, une sorte d'avidité, tout ce que les parents pouvaient dire. Tout ce qu'ils avaient apporté à dire.

Enfin, elle resservit du café, posa encore quelques questions et sans savoir si elle passerait «à l'acte» ou bien «par l'acte», dirigea tout son monde vers un vaste canapé où Markus fut vivement installé sur les genoux de son père. La mère était présente mais devait s'occuper du petit frère qu'elle allaitait encore.

Il est vrai qu'à la fin, c'est-à-dire une heure et demi plus tard, l'enfant se glissa doucement hors de l'étreinte paternelle, descendit du canapé et commença de m'étonner. Il ne présentait plus aucune stéréotypie, il marchait doucement, en explorant la pièce avec une prudence, une timidité ordinaire, de bon ton. Il répondait aux appels, souriait, et, retourné près de son père, il nous dévisageait.

Le docteur Prekop manifesta ensuite des exigences en forme de vérification : elle demanda à Markus d'imiter un geste, de frapper dans ses mains, de prononcer certains phonèmes...

Cette partie du protocole m'apparaissait comme un simulacre destiné à vérifier les effets d'une manipulation scientifique. Après tout, le docteur avait peut-être dans l'idée qu'il fallait produire ça, au moins ça, pour que les parents s'en retournent impressionnés et plus confiants encore dans les effets d'un processus dont la simplicité s'avérait finalement déroutante.

Tout de même, les choses ne s'étaient pas déroulées comme une formalité. La durée, les efforts, la violence de l'enfant, les coups et les morsures, les doutes, les hésitations du père, les vagues d'inquiétude dans le regard de la mère, on avait oublié tout ça pour s'étonner du résultat. Le père toutefois, bien que robuste, ne semblait pas pressé de se mettre debout. La fatigue se mêlait à la surprise. Il passait et repassait la main à travers sa chemise sur trois morsures dont la brûlure persistait.

L'étonnement devait beaucoup à la simplicité de la manœuvre. Ce qu'ils venaient de faire, il y a belle lurette, ces gens-là, qu'ils en avaient eu et l'idée et l'envie. Sans l'approbation ni les encouragements explicites du docteur, ils n'auraient probablement pas osé.

Ce qui venait d'arriver était comme une vaste engueulade sans parole. Pas une bagarre. Pas un échange de coups. Le plus fort se contentait d'empêcher ou de rendre inoffensifs les coups du plus faible en l'incitant à investir toujours plus dans cette lutte foncièrement inégale.

L'agitation stimulante — qui assurait habituellement l'autosuffisance autistique de Markus en apportant un plein de sensations immédiates — était comme piégée. L'énergie projetée en avant lui revenait mal. Elle revenait diminuée, changée, modifiée dans sa qualité par l'«autre» qui en prenait, en laissait, en gardait. Ça ne rebondissait pas. Son corps, qu'il agitait fortement, faisait faux-bond. L'«autre», partenaire variable, troublait le jeu énergétique. Il renvoyait médiocrement, il constituait une perte. Par ailleurs, une partie des forces mises en œuvre, l'énergie dynamique, comme disent les physiciens, se trouvait transformée en chaleur. À tout cela, il fallait ajouter les mots, le bruit des mots, les commentaires incessants de Prekop. Parfois elle criait comme lui, plus fort que lui, d'autres fois elle l'imitait de façon confondante...

Il aurait préféré un mur Markus, donner du front contre un bon mur. Celui de sa chambre, le petit bout de mur entre le pied du lit et la fenêtre, là même où son père avait dû refaire le papier peint. Ils en avaient tous assez de voir cette tache provoquée par le heurt régulier de la tête contre le mur. On avait déplacé le lit. Markus avait hurlé. Et puis s'était calmé, il avait trouvé plus sûre réponse en allant se heurter à la céramique de la salle de bain. Aucune trace. Ce qu'il cherchait, c'était du répondant régulier, imperturbable, une perte d'énergie minimale, des rebondissements à l'infini.

Je restai à Stuttgart encore quelques jours, le temps d'assister à une dizaine de séances qui ne furent pas toujours aussi franchement lisibles que celle de Markus. Mais dans l'ensemble, il fallait bien reconnaître que des modifications en forme de résultats, sensibles, avaient lieu. Frau Prekop m'affirmait que s'il fallait prévoir plusieurs séances, en tout cas on finissait toujours par obtenir des améliorations importantes, durables, et comme à l'accoutumée, quelques miracles par-ci par-là.

La possibilité miraculeuse ne m'intéressait pas. Mais je trouvais formidable que l'intuition, timidement organisée en pratique soignante avec Vivien, soit déjà là, depuis longtemps formalisée selon un protocole bien défini.

De retour à Paris, il me restait des souvenirs et quelques notes prises pendant les séances du docteur Prekop. Quant aux ouvrages et prospectus qui « justifiaient » le Holding, ils ne pouvaient pas représenter un bagage théorique. J'en ai gardé quelques-uns, que j'ai classés, en souvenir d'un court voyage qui m'avait beaucoup apporté.

Dans ces documents, on trouvait deux choses pour expliquer les effets du Holding. Il y avait l'amour et il y avait l'éthologie. Mais l'amour rien que l'amour, on pourra tourner ça comme on voudra, ça ne constituera jamais la base d'une élaboration parce qu'on peut tout lui faire dire. C'est même sa spécialité, à l'amour, que de s'incorporer ou de donner forme à n'importe quelle proposition. L'amour se débrouille de tout. Né d'une union brève entre Pénia, la déesse de la « nécessité », la détresse même, et Expédient, un petit dieu qui savait tout faire, un ingénieur, un bricoleur invincible. Né de ce rapprochement, Amour ne peut être que solution. Mieux vaut donc le laisser tranquille quand on essaie de se représenter les termes d'un problème.

Ceux qui évitaient l'amour choisissaient une interprétation éthologique des effets du Holding. Ceux-là s'appuyaient sur l'observation du comportement de jeunes singes obligés de choisir entre une mère nourrissante, confectionnée avec du fil de fer, une sorte de mannequin muni d'un biberon, et une mère toute de fourrure mais dépourvue de ressources nourricières. Alors on constatait régulièrement que les singes préféraient le tendre réconfort de la fourrure à la satisfaction de leur besoin de nourriture. Ils mouraient de faim plutôt que de fréquenter des mères barbelées, fussent-elles chauffantes et parfois même animées d'un mouvement de bascule.

Pour moi, ces observations indiquaient seulement qu'un jeune singe, incapable de faire le calcul nécessaire à sa survie, continuait de suivre et de s'attacher à la forme de mère la plus probable, la plus proche de ce que son innéité tout entière lui indiquait : la mère fourrure.

Et pourtant, Michele Zapella, pédiatre italien, auteur d'un livre consacré à la pratique du Holding, faisait grand cas de la « preuve » éthologique.

Selon lui, le comportement des singes prouvait que l'enfant ne s'attachait pas à sa mère au « prorata » des services qu'elle lui rendait. Au contraire, cet attachement était, à la manière animale, tout à fait inné et désintéressé. L'éthologie, au fond, nous reconduisait sur les chemins de l'amour. Au passage, on y gagnait un concept, un instinct, qui pouvait présenter des failles et donc être traité, soigné, réparé. C'était l'Attachement.

*
* *

Quant à moi, j'étais résolu à appliquer la méthode du Holding avec Vivien et ses parents à la condition de disposer d'un repérage théorique dont l'origine serait claire et accessible à tout éventuel contradicteur. Il fallait donc s'éloigner des gymnastiques bioénergétiques, écarter toute référence exotique, refuser de brandir des résultats à la place d'une justification psychologique et morale. (J'aurais dû dire éthique, mais je préfère dire morale car *la morale*, chacun s'en fait sa petite idée. Tandis que l'éthique entretient un voisinage avec la technique qui tend à la faire valoir comme une version actuelle de la vieille morale, laquelle serait dépassée par l'ampleur technicolore des questions modernes.)

Je pensais, d'autre part, qu'il serait difficile de se référer à l'œuvre de Freud, « propriété » des psychanalystes, lesquels ne plaisantent pas quand il s'agit de s'en prendre au corps. Parce qu'en y touchant, on risque d'aggraver, de resserrer les nœuds, de fortifier le symptôme et de relancer la roue de la répétition compulsive.

Mais je pensais aux débuts de Freud, je me souvenais qu'il mettait la main sur le front de ses patients pour les aider à parler sans trop réfléchir. Je me souvenais de l'hypnose qu'il avait d'abord pratiquée, laquelle n'allait pas sans une adresse au corps et certains attouchements. Bien sûr, ça ne constituait pas une excuse. Les freudiens avaient l'habitude de *replacer tout ça dans le contexte*. C'était les premiers pas d'un chercheur qui n'avait pas tardé à se reprendre... J'étais d'ailleurs prêt à reconnaître que ce retrait avait permis l'élaboration de la théorie de l'inconscient et la pratique de la psychanalyse.

Mais avec Vivien, il n'était pas question de psychanalyse. Et là, j'étais prêt à recevoir assez mal celui qui serait venu m'en proposer. Comme il arrive qu'on reçoive certains porteurs de « bonne nouvelle » qui viennent sur le pas des portes annoncer le retour imminent du Christ, tandis qu'on est ce jour-là dans l'attente d'une visite toute simple qui décidément tarde un peu.

J'en suis venu à penser que si je ne pouvais rien attendre de Freud-psychanalyste ni de la psychanalyse constituée comme telle, il était possible de retrouver dans les premiers textes freudiens la trace de préoccupations proches des miennes. Dans les élaborations successives qu'il avait produites de l'appareil psychique, Freud était sûrement passé par l'instant étroit où le corps donne lieu à la pensée. Il existait plusieurs textes susceptibles de répondre à ma quête. *La lettre à Fliess n° 52*, le chapitre 7 de *L'interprétation des rêves*, *Le moi et le ça* et enfin une première tentative que je gardais pour la fin : l'*Esquisse pour une psychologie scientifique*.

Je suis retourné à ce dernier texte avec une certaine fébrilité et aussi une grande confiance. Je savais que Freud l'avait écrit rapidement, en l'espace de quelques semaines, et qu'après l'avoir adressé à Fliess, le correspondant privilégié de cette période, l'auteur n'en n'avait jamais plus parlé, ne l'avait jamais revendiqué. Tout juste l'avait-il évoqué un peu plus tard pour s'excuser auprès du même Fliess de lui avoir imposé la lecture d'un écrit aussi difficile qu'imparfait. C'était en 1895 et seulement quatre années plus tard arrivait l'édifice complet de l'*Interprétation des rêves* où l'on peut retrouver les traces de l'*Esquisse* sans que l'auteur y fasse explicitement référence.

J'allais à ce texte avec confiance parce qu'il était brut, libre et pourtant dénué de toute désinvolture. J'allais retrouver la conception freudienne encore instable où l'auteur apparaît pressé d'arrêter les contours d'une totalité. Il s'impose une cohérence et une complétude qui réclament parfois la résolution immédiate d'une contradiction, l'obligeant à former dans l'instant une hypothèse nouvelle. Freud trouve alors un expédient, il s'en excuse, mais il lui faut continuer son chemin, finir, boucler l'*Esquisse*.

J'ai donc entrepris ma lecture en guettant la survenue du premier point de contact, du premier impact responsable de la formation d'une pensée, d'un Moi, d'un Sujet.

D'une façon ou d'une autre, à son insu, Freud « dirait » bien quelque chose à propos de l'autisme, de ces enfants intacts, dispensés justement de la rencontre corps et âme, exemptés de cet impact décisif.

Chapitre 3
Théorie du Holding d'après l'*Esquisse*

A. RAPPEL DE L'ESQUISSE

Partir de l'*Esquisse*, c'était une façon de rester léger. Volontairement dépourvu. C'était le « coup de rasoir » de Guillaume d'Occam, dont le souci remarquable était de raser les reliefs conceptuels superflus.

Le texte de Freud était lui-même rasé de près. Il partait d'un schéma : l'arc réflexe. Pas plus simple. Le médecin percute le tendon et le muscle sursaute. Plus « compliqué » : une porte claque, vous sursautez ! Il y a automatisme, transformation ou traitement d'une quantité d'énergie par une réaction qui évacue une quantité d'énergie égale ou proportionnelle à celle qui est venue vous surprendre. Ma comparaison est fautive, inégale, mais elle convient.

En effet, on a beau prévenir cent fois le patient avant de percuter son tendon rotulien, il donnera toujours le même coup de genoux. Tandis qu'une porte qui claque à longueur de journée ne fait plus sursauter personne. La répétition a donc constitué une expérience qui est venue compliquer, différer la réaction réflexe. À la place du sursaut, l'agacement s'est installé, qui manifeste l'existence de la pensée. Et ceci pourrait schématiser le principe d'élaboration de l'appareil neuronique proposé par Freud comme support de la constitution du Moi.

Cet appareil est donné comme un ensemble de neurones connectés de façon rudimentaire. Un appareil simple dont la tâche unique est d'assurer l'évacuation de l'énergie apportée par les stimulations.

En restant proches du fonctionnement élémentaire de l'arc réflexe, nous pouvons dire que les excitations viennent stimuler un ensemble de neurones récepteurs que Freud appelle le système φ, et que ces récepteurs transmettent les stimulations à un autre ensemble de neurones, les neurones du système ψ. Tant que ce dernier système reste peu développé, il retient peu de choses de l'énergie. Il cherche chaque fois à s'en débarrasser en organisant son transfert jusqu'aux neurones moteurs qui vont la décharger, la consommer dans le cri et la gesticulation.

Ainsi, la sensation du froid par exemple, perçue en φ, transmise en ψ, est évacuée dans les protestations motrices du nourrisson. Ce système apparenté à l'arc réflexe, s'il s'éternisait, ne constituerait jamais autre chose qu'un aménagement du passage de l'énergie depuis son émergence jusqu'à sa décharge pure et simple. Ce principe de fonctionnement manque évidemment d'ambition. Il répond à une exigence première : éviter toute accumulation d'énergie dans l'organisme. Il s'agit du principe d'inertie. Toute variation du niveau énergétique apporte au sujet un déplaisir qui dérange la stabilité, le confortable néant homéostasique qu'il tente de conserver.

Pourquoi ça? Je ne le sais pas. Je sais seulement que je suis en train de lire Freud et qu'à cet instant, il emprunte à la physique un principe, le principe d'inertie, que cet emprunt sera ultérieurement présent dans toute son œuvre, et que c'est à prendre ou à laisser.

Or, je ne suis pas parti pour contester l'*Esquisse*. Au contraire, j'y suis venu pour éviter de m'agréger à des constructions plus récentes et peut-être moins précises. Maintenant, il me faut suivre. Remarque importante, la construction freudienne et ses emprunts étant d'une candeur affichée (à chaque instant l'auteur rappelle le caractère provisoire de sa formulation), le risque serait faible, à la fin, de tomber dans une fascination qui me ferait confondre l'échafaudage de la théorie avec l'édifice du vrai. Je décidai donc de poursuivre en acceptant l'ensemble. Les neurones et leurs rapports tellement « thermodynamiques », le principe d'inertie et bien d'autres analogies à venir empruntées à la mécanique ou à la biologie.

Revenons à « l'homme de l'*Esquisse* ». Pour exister, il doit quitter l'inertie, s'éloigner de l'arc-réflexe, refuser les facilités de « la voie de décharge primaire »; il doit se compliquer. Rien de tel que la mémoire pour tout compliquer. Freud va attribuer cette fonction de mémoire et de complication à l'ensemble des neurones du système ψ. Après le passage d'une excitation (émotion, satisfaction, douleur), ces neurones-là se souviendront. Ils en retiendront quelque chose. Une quantité d'énergie restera là, piégée, qui les gardera « éveillés », et les chemins de leurs liaisons définitivement frayés. Ces frayages, tous différents, caractérisés par leur trajet, leur fréquentation et la géographie de leurs connexions, constitueront un ensemble : un appareil psychique. Cet appareil, constitué par la somme de ses propres modifications, par la collection de « traces mnésiques », viendra, nous le verrons, s'opposer à l'évacuation réflexe de l'énergie apportée par les stimulations. Il en prélèvera sa part pour s'enfler encore, se ramifier, installer son règne.

On pourrait d'ailleurs imaginer un système-ψ mémoire échouant à se compliquer, à s'enrichir. Il serait là, potentiel, mais en quelque sorte inaccessible. On pourrait le comparer à une éponge constituée d'un matériau pervers, particulièrement hydrophobe. Comme les plumes du canard ! L'eau ne la concernerait pas !

Heureusement, dans la plupart des cas, tout se passe comme si l'éponge avait soif et le système-ψ augmente spontanément le nombre de ses neurones et de leurs connexions.

Pour comprendre l'extension de ce système (la formation du Moi), il faut aller dans l'*Esquisse* jusqu'à « L'expérience de la satisfaction ». Freud y reprend l'exemple du nourrisson soumis à une perception insistante, celle de la faim. Les décharges motrices (cris et gesticulation) provoquées par cette sensation ne constitueront jamais, nous dit-il, une solution durablement apaisante. D'autres quantités d'excitation viendront, qui produiront d'autres décharges, sans aucun bénéfice. La solution interviendra seulement quand la mère, alertée par l'enfant, apportera les conditions d'un apaisement durable.

Si nous voulons maintenant savoir comment Freud s'y prend pour multiplier les neurones, au point d'en faire un réseau, capable de retenir des représentations et de les réfléchir, il faut nous pencher sur le principe responsable de la multiplication des neurones du système-ψ.

En premier lieu, une certaine quantité de ces neurones est créée (investie et frayée) par les différents besoins. La faim, la soif, le froid, toutes les formes de l'inconfort et de la douleur, les différentes présentations de la détresse rencontrées par le jeune sujet investissent chaque fois des neurones différents : les neurones de l'urgence.

La deuxième modalité de frayage et d'inscription est constituée par le recrutement d'autres neurones correspondants à tous les objets susceptibles d'apporter la satisfaction. Le prototype de cette série se donne en exemple, c'est évidemment le sein. Tous les objets dérivés, le biberon, la chaleur, la caresse, toutes les déclinaisons de cette forme typique constituent autant d'occasions de marquage des neurones ψ. Ces marques sont les «traces mnésiques» des objets satisfaisants.

Enfin, Freud évoque avec une brièveté (une discrétion) qui n'est pas sans conséquence une dernière occasion de marquage des neurones ψ. C'est le troisième «stock», il sera constitué de neurones modifiés, saisis d'inscriptions mnésiques, au moment où l'urgence du besoin se tarit dans la rencontre avec l'objet satisfaisant.

Ces neurones-là sont ceux qui enregistrent les impressions intéressant la peau et l'ensemble des muscles, les ligaments et les tendons, au moment où s'accomplit l'expérience de satisfaction. Ils prennent le cliché instantané de l'état du corps quand le désagrément s'achève. Quand la douleur cesse.

Cette «troisième catégorie» représente pour le Moi le principe même de son extension.

On peut en effet imaginer que les objets de satisfaction constituent un ensemble fini, plus ou moins restreint. Mais pour un seul de ces objets perçus, il faut prévoir les mille et une, les infinies manières, occasions sensorielles et kinesthésiques de le rencontrer et de l'apprécier. D'une collection d'objets, on passe alors à l'ensemble infini des sensations que Freud appelle les *Nebenfolgen*, les «conséquences annexes de la satisfaction». Et cet ensemble constitue l'alphabétisation, la notation continue des perceptions qui va augmenter indéfiniment. De tous ses membres, par le jeu des jointures, en passant par les nerfs et les tendons les plus intimes, le corps «sémaphore» la pensée des perceptions. Les états d'incarnation donnent forme au *perçu*, forme résiduelle.

Cette troisième instance neuronique échappe à l'exiguïté de la définition, elle menace de surcharge la description du phénoménologue, elle pousse au lyrisme. Mais elle peut être appréhendée plus simplement comme «Le Neurone» du *Holding* winnicottien, du *handling*, de l'*object-presenting*. Sensoriel et kinesthésique, il retient (il remarque) toutes les modulations du réel ambiant qui habitent le corps quand sa détresse s'apaise.

Selon Freud, on trouve donc trois points de mémorisation. Les neurones qui *se souviennent de l'état de besoin*, ceux qui *enregistrent l'image des objets satisfaisants*, et, enfin, ceux qui *archivent les états du corps accompagnant la satisfaction*.

On pourrait croire que, maintenant, il suffit de faire la somme de toutes ces modalités de marquage pour obtenir une masse neuronique, un ensemble mnésique égal au Moi. Mais cette somme ne se constitue pas comme le résultat d'une addition. C'est plutôt le succès d'une combinatoire, c'est la complication d'un réseau formé par le produit des connexions entre les neurones-mémoire.

La complication commence avec la liaison des trois sites neuroniques impliqués dans l'expérience de satisfaction.

En effet, au décours de cette épreuve, les trois «neurones» concernés resteront unis par une connexion définitive. Freud déclare qu'il en est ainsi en s'appuyant sur un principe emprunté à Helmholtz, selon qui des cellules excitées simultanément lors d'une même expérience resteront inséparables au regard des prochaines stimulations. Ainsi, quand surviendra une nouvelle fois l'excitation d'un «neurone du besoin», la quantité d'énergie reçue, au lieu d'entraîner une décharge motrice, restera partiellement piégée dans une première ébauche de réseau, sorte de triangle défini par trois neurones interconnectés. Celui du stade d'urgence (ou du besoin), celui qui se souvient du premier objet de satisfaction et celui qui a retenu l'état kinesthésique consécutif de l'apaisement premier.

L'énergie apportée par tel nouveau dérangement, en investissant les neurones-souvenirs, provoquera dès lors l'évocation anticipée de l'objet satisfaisant et des états de corps antérieurement associés à la solution d'une insatisfaction de même type. Tout se passe comme si la satisfaction, pouvant alors être différée était, par là même, pensée.

Au fur et à mesure de l'accumulation des expériences de satisfaction, il y aura bien sûr investissements d'autres «neurones». Mais il est essentiel de comprendre que, pour atteindre et agréger ces nouveaux venus, l'excitation et sa charge énergétique devront d'abord emprunter et excéder les premières voies, les premiers frayages, en passant par les neurones déjà investis dans des circonstances comparables. C'est pourquoi il n'y a pas seulement addition, accumulation de neurones marqués par tel objet ou tel événement nouveau. L'interconnexion de tous les neurones réalise plutôt le produit d'une multiplication des combinaisons entre les traces du passé et les traces d'aujourdhui, venant à l'instant et à chaque instant prendre, au sein du réseau, la place qui correspond à leur nouveauté mais aussi à leur ressemblance avec d'autres, plus anciennes, elles-mêmes reliées aux toutes premières, inaugurales d'une série.

Il est logique de penser que l'ensemble des «neurones» correspondant aux états du corps est décisif pour l'extension de cette combinatoire. En effet, cet ensemble est constitué par la collection des postures et des sensations qui accompagnent toutes les solutions de l'insatisfaction. Étant donné qu'à chaque instant, la réalité propose de l'insatisfaction et que le corps se souviendra de la forme de toutes les solutions trouvées, il y a là, pour le réseau, une promesse d'extension infinie.

Cette extension constitue le support qui permet aux perceptions de faire « matière à penser », et aux pensées d'être pensées à partir de la réflexion des états du corps dans le miroir de leur propre combinatoire mnésique.

Aussi longtemps que dure la vie, le corps l'écrit. Il écrit un texte, il le complète, le modifie par accumulations de biffures, surcharges et parenthèses...

B. INTERPRÉTATION DE L'AUTISME SELON L'ESQUISSE

Le corps de Vivien écrivait-il quelque chose ? Il décrivait plutôt, à grands signes, l'échec de toute possibilité de rétention énergétique. On pouvait voir son agitation comme le naufrage de l'appareil à penser. Dans cette perspective, le schéma de l'arc-réflexe continuait de s'imposer. Les sauts, les tournoiements et les cris évoquaient la décharge instantanée des quantités d'énergie (des excitations) qui venaient à sa rencontre, le saisissaient et menaçaient de l'emplir. Le principe d'inertie, l'homéostasie, imposaient leur solution immédiate : la voie de décharge primaire. Comment répondre à cet ensemble de signaux sans adresse ? Chez le nourrisson ces manifestations ne tardent jamais à faire signe. La mère donne la réplique qui règle provisoirement le scandale énergétique provoqué par l'arrivée d'un flux d'excitations, sans elle, intarissable.

Notre tendance spontanée n'était pas essentiellement différente. On courait jusqu'à Vivien pour lui demander quel objet pourrait atténuer les rigueurs de son urgence. On demandait en criant fort. On lui indiquait l'apaisement. On lui mimait, comme à un sourd, la forme des solutions. S'asseoir là lui ferait du bien. Boire un peu. Sortir, faire un grand tour. Là, on décidait. Il irait faire un grand tour. On l'emmenait, emmitouflé, bras dessus bras dessous, jusqu'au fond du parc, à grands pas gymnastiques. Au retour, on l'allongeait. On tirait la couverture comme on pouvait, toujours un peu plus du côté de l'hygiène de vie. Nos initiatives profondément inadéquates ne laissaient pas Vivien indifférent. Il arrivait que des croisements fortuits entre son désordre et le nôtre produisent une accalmie. On concevait un espoir. Vivien semblait le percevoir comme une obscénité dont il fallait éviter le retour. Ou encore, il prenait l'espoir, il l'organisait jusqu'à le rendre solide comme un objet impropre au partage. L'«autre» était de trop, il pouvait reproduire seul la promenade jusqu'à l'arbre rugueux. Il recherchait la morsure de l'écorce. La morsure le faisait sourire, l'arrivée de l'infirmière le faisait hurler. Il voulait revenir seul jusqu'au divan où il s'étendait d'un seul trait.

Là, il se berçait selon une belle régularité. Il bougeait toujours un peu, il se gardait en mouvement. Cette activité pouvait correspondre à la décharge d'énergie apportée par les excitations inévitables. Mais comment ne pas remarquer que cette décharge finissait toujours par se boucler sur elle même dans l'organisation d'une stéréotypie motrice?

Qu'il s'agisse de la promenade ou de l'aller retour du corps pris par le balancement, on retrouvait l'obsession du *retour au même*, la réitération des mêmes états de corps.

Comme la masse du pendule quitte son aplomb, son lit de pesanteur, pour accomplir son devoir d'oscillation, l'enfant abandonnait l'inertie pour organiser le balancement ou le tournoiement d'une ronde intime qui donnait forme à son isolement. Cet arrangement du *vivant* avec *le monde* n'était pas simplement l'expression d'une «décharge motrice» destinée à éviter l'accumulation d'énergie. Par sa turbulence réglée, l'enfant allait au-delà. D'une part, il produisait lui-même un flux d'excitation qui lui garantissait une (regrettable) autonomie, d'autre part, *en aval*, il en organisait l'écoulement.

Alors, cette «décharge motrice» produisait inévitablement (au niveau de la peau et des muscles) des excitations secondaires sensorielles et kinesthésiques. Ces excitations étaient, elles-mêmes, cause d'une nécessaire réitération de «décharge motrice» qui provoquait, à nouveau, des excitations secondaires, lesquelles exigeaient bientôt une décharge motrice entraînant elle-même de nouvelles conséquences sensorielles... Ainsi de suite et indéfiniment, la stéréotypie bouclait sa boucle.

Balancements et tournoiements tendaient ainsi *vers l'infini*.. Ils manifestaient l'équilibre d'un système autosuffisant, un « mouvement perpétuel » qui aurait trouvé sa formule. Tout gamin bricoleur en a rêvé et certains ont frôlé sa réalisation. Il s'en fallait de peu.

Il est possible de comprendre cet état de répétition en le rapportant au système qui produit et entretient cette petite manie motrice qu'on appelle un tic. La décharge motrice du tic (torsion de la bouche ou plissement du nez) apporte un soulagement qui laisse immédiatement après lui une trace excitante réclamant la reproduction du tic. Généralement, il est bien difficile d'en finir avec ce duo sensori-moteur. Mais, si le tic peut être aperçu comme le reste gênant d'une organisation archaïque, la stéréotypie en représente le triomphe. Elle est une solution.

Le système de décharge excitative *occupe* le terrain de la perception en interdisant la survenue de toute autre excitation qui viendrait déchirer le *continuum* sensoriel réalisé par le circuit court de la stéréotypie. Il faut peut-être penser cette *occupation* en terme militaire. Le territoire de la perception, accaparé par les sensations que le sujet se procure de manière intime, serait ainsi fermé à toute autre influence sensorielle. Il est occupé.

Certaines caractéristiques du comportement autistique soutiennent cette construction. L'enfant autiste *paraît* sourd. Il se montre parfois insensible à la douleur, il peut s'installer dans une sorte d'indifférence sensorielle.

Faudrait-il interpréter ces comportements en leur donnant le sens d'un retrait voulu ? Il s'agirait alors de la manifestation d'une « opinion » de l'enfant, d'une appréciation portée sur le monde, jugé insupportable, trop blessant, cruellement incompréhensible. Cette position serait proche de Bruno Bettelheim.

D'autres cliniciens ont imaginé que les mouvements répétitifs déclenchaient une production d'endorphine dont l'effet analgésique et euphorisant annulait la perception des stimulations les plus agressives. Ceci présente l'inconvénient de suggérer un recours à la biochimie neurologique en contradiction avec certaines données immédiates de l'observation. En effet, les quantités d'endorphine qui peuvent être mises en évidence dans certaines situations de stimulation répétitives (chez les adeptes du jogging par exemple) sont sans commune mesure avec les quantités habituellement utilisées par les anesthésistes les plus timides... Je préfère laisser de côté cette interprétation homéopathique des vertus de la stéréotypie.

Si je devais chercher un parrainage, je le trouverais plus simplement du coté des états hypnotiques qu'on appelle maintenant les états de conscience modifiée. Les praticiens de cette «modification» font régulièrement l'expérience de ceci : on peut produire une limitation du champ de conscience par la fascination que procure une sensation simple, répétée, envahissante, capable de tenir à l'écart, d'éloigner de la perception toute autre sensation. Et les stéréotypies peuvent bien produire l'organisation d'un champ perceptif réduit, d'emblée *occupé* par un trafic sensoriel et moteur réduit à sa plus simple expression.

Dans cette perpective — courte — entre charge et décharge, il n'y a guère occasion d'ouvrir des frayages complexes dans le système psy-mémoire. L'ensemble neuronique, prêt à se constituer en recevant les images d'objets et les images de corps, cet ensemble structuré par la satisfaction (par le souvenir et l'espoir de son retour), devient superflu au regard de la plénitude immédiate fournie par la stéréotypie. Quand j'évoque cette carence du système psy (qui est avant tout celle d'une certaine mémoire), il me revient l'objection consistant à me faire observer que, de mémoire, justement, l'autiste n'en manque vraiment pas. C'est même une de ses spécialités et les exemples arrivent nombreux pour soutenir l'idée d'une intelligence autistique confondue avec ce fameux phénomène.

Certes, les enfants autistes se souviennent fort bien de l'endroit où le sucre a été rangé. Et la forme du trajet qui relie le dispensaire à leur domicile est immédiatement enregistrée. L'ordre de rangement des personnes installées sur le canapé familial ne peut pas impunément être modifié. L'enfant autiste exige à grands cris le retour au même ordre. Ils savent donc quelque chose...

Pour moi ces performances n'indiquent pas l'existence de traces mnésiques constituées en réseau, formant structure. Autrement dit, ces traces ne se regardent pas les unes les autres. Elles ne sont pas liées entre elles selon des caractéristiques de ressemblance ou de différence. Telle trace mnésique (tel souvenir), au moment de s'inscrire, prend place dans une série, ignorante de la série précédente. Les traces mnésiques ne se souviennent alors que d'elles-mêmes, elles ne s'inscrivent pas « en souvenir » des précédentes, selon une ressemblance ou en fonction d'une opposition. C'est pourquoi, à la place du réseau du Moi, unique, constitué par la multiplication logique des connexions à partir d'un noyau initial, nous pouvons imaginer chez l'enfant autiste une collection de petits circuits, indépendants, tous originaux, tous incomparables. Une accumulation sans recoupements ni échanges.

Ainsi, les images du corps et l'image d'un objet satisfaisant (le sucre) peuvent-elles constituer une série mémorisée, une série inscrite au niveau du système psy. D'autre part, la série des images qui « tire » Vivien en direction d'une autre satisfaction (le bain) est également inscrite. Les deux petits circuits sont là, en mémoire. Mais essayez donc d'en faire valoir « un » en *interdisant* « l'autre »! Essayez d'indiquer qu'au « lieu » du sucre, on peut prendre un bain! Les deux circuits ne se regardent pas, n'ont rien à voir. Pas moyen de les réfléchir en Vivien, de les replier l'un sur l'autre avec leurs ressemblances et leurs différences. Il ne compare pas. Il ne peut pas hésiter, encore moins négocier. Le circuit est là, il doit être agi. Et pour couper la route du sucre, on ne peut que hâter l'heure du bain.

Mais alors, on n'apportera pas, selon la formule de la métaphore, *une chose pour une autre*, mais rigoureusement *une chose à la place d'une autre*. Et Vivien restera à la fois inconsolable et satisfait.

Je reviens au schéma de l'appareil freudien qui nous a amené jusqu'ici pour dire que si, chez l'enfant autiste, l'ensemble neuronique « psy-mémoire » est bien concerné, on peut imaginer qu'il est seulement marqué par des séries sensori-motrices brèves. Des circuits constitués de neurones liés, selon des trajets, selon la « forme » de solutions « déjà trouvées » par l'excitation pour atteindre son issue motrice. Dès lors, l'excitation à venir pourra emprunter d'emblée l'une de ces voies ouvertes imposant son trajet d'incursion monotone dans le système psy-mémoire.

La stéréotypie y prendra sa forme : un simple balancement, un tournoiement, une déambulation rituelle, une auto-mutilation répétée... Bref, toute modalité de décharge dont le trajet aura déjà été frayé. Déjà apprécié.

Dans cette hypothèse, les frayages du système psy-mémoire ne sont pas organisés en réseau, ils ne sont qu'une simple collection de traces mnésiques, ils ne s'opposent pas aux stéréotypies. *Ils n'empêchent pas leur réitération linéaire, ils la supportent.*

La formation du Moi est alors manquée, radicalement évitée. Et l'organisation psychique reste proche de l'arc réflexe.

On ne peut poursuivre sans donner au lecteur un exemple d'échec de la constitution du Moi au profit de l'organisation d'une stéréotypie.

Imaginons l'enfant, isolé dès la naissance par l'épreuve d'un séjour dans un service de soins intensifs. Il est parfaitement soigné et assisté pour l'essentiel de ses besoins vitaux. Mais ses cris, ses appels ne peuvent mobiliser l'ensemble des réactions originales et complexes que produit la mère au contact de son enfant. La multitude des petites attentions qui apaisent « l'être » du nouveau-né sera, dans ces conditions, nécessairement réduite aux soins, distribués selon une logique autre, découplée, décevante.

Dans cette situation, il se peut que l'enfant découvre fortuitement des modalités qui apportent de façon sûre et régulière un apaisement et une sensation de présence : un leurre de bonne qualité.

Imaginons un balancement de la tête ou un clignement des yeux faisant alterner la présence et l'absence d'une lampe située au-dessus du lit. L'enfant peut trouver là, en même temps qu'une décharge d'excitation par le mouvement, l'actualité d'une sensation, d'une excitation (lumineuse) absolument sûre, fiable, occupant bientôt tout l'emplacement sensoriel qui aurait dû être investi par la diversité des interventions de la mère. Celle-ci, en se montrant heureusement inégale à la tâche, aurait pu élaborer (créer) des *formes de satisfaction* diverses et imparfaites pour son enfant. Elle lui aurait ainsi évité la rencontre avec le néant d'une plénitude immédiate et monotone.

Mais la répétition des stimulations lumineuses que nous évoquions peut fournir ce comblement immédiat, ce néant partiel qui tiendra toutes ses promesses. Et un peu plus tard, lorsqu'on lui proposera le retour à des modalités plus variées, moins sûres, l'enfant se détournera pour maintenir son malheureux système de satisfaction indifférente, une agitation, une conduite stéréotypée. Sans tension ni désir, sans détour par quelque «autre».

Les termes semblent alors s'inverser. Comme si la stéréotypie disposait d'un «sujet», qu'elle dispenserait de l'*existence* (où l'on manque un peu de Tout) en lui donnant ce Rien qui suffit à la *vie*.

À force de réfléchir pour donner d'elle une image toujours plus nette, je crois en être arrivé à concevoir la stéréotypie comme un personnage. Sorcière classique, surgissant dès que l'entourage présente une faiblesse, elle viendrait bercer l'enfant, le bercer encore, le ravir, l'emporter dans sa vague, sans voix, sans bras, vers aucun rivage. Elle lui apporterait l'autosuffisance au prix fort du renoncement à toute forme d'affolement heureux qui pourrait venir de «l'autre». Aucune chance d'aucun battement de cœur. Pas d'érotisme.

L'idée d'une concurrence entre le «sein» familial et cette malheureuse suppléance me semble en tous cas «suffisamment bonne» pour soutenir une réflexion sur les chances et les vertus de la pratique du Holding avec des enfants qui présentent des stéréotypies simples ou des comportements répétitifs (rituels plus difficiles à remarquer) relevant du même principe.

Lorsque j'avais assisté aux séances du docteur Prekop, l'idée de cette concurrence entre deux systèmes s'était imposée. Le principe était d'ailleurs identifié intuitivement par cette praticienne qui parlait d'un sevrage des stéréotypies en les comparant à une drogue, un alcool fort qu'on supprimait sans contrepartie. Mais j'ai déjà dit que le manque de structure théorique m'embarrassait et que je n'avais pu me résoudre à emboîter le pas de cette pratique muni de cette seule analogie. Agrémenter le dispositif en parlant d'amour et d'attachement (dont il faudrait retendre les ficelles), ça n'allait pas mieux.

Le recours à Freud (à l'*Esquisse*) m'ayant permis de situer une différence idéale entre le développement «spontané» de l'appareil psychique vers la complexité, et le court-circuit de ce développement par les stéréotypies, j'avais maintenant la possibilité (l'obligation) de «lire» l'épreuve contrariante du Holding thérapeutique selon ce même axe.

C. INTERPRÉTATION DES EFFETS DU HOLDING SELON L'ESQUISSE

Le Holding thérapeutique est une intervention intrusive. Une intrusion qui provoque le dérangement d'un arrangement. L'arrangement autistique, tel que nous l'avons envisagé, serait de nature énergétique, se laissant ramener à un équilibre entre charge et décharge, apportant une indifférence, une équivalence entre le Tout et le Rien. Une totalité dans laquelle l'enfant est «compris».

L'étreinte du Holding force ce dispositif, elle pratique une brèche. Elle rappelle l'enfant à l'existence en s'opposant à sa mécanique amnésie.

Le circuit stéréotypique, s'il ne peut être totalement brisé, est pour le moins gêné par le ferme corps-à-corps que la mère établit à son encontre. Les marques, les petits impacts énergétiques que l'enfant avait pour habitude de se procurer seul sont maintenant «confisqués» par la perturbante interposition d'un autre corps. Mais d'autres marques, d'autres impacts, imprévus, non souhaités, sont distribués par cet autre corps, imprévisible.

Et c'est l'échec d'un système. Les quantités d'énergie inévitablement fournies par la diversité des contacts avec le corps de la mère ne peuvent plus se résoudre dans la décharge immédiate de la stéréotypie dont l'expression est maintenant empêchée; les jambes, les bras, la tête doivent lutter. Ils rencontrent un obstacle dont le comportement varie. Il faut donc que l'enfant éprouve d'autres gestes, d'autres formes, une autre motricité pour faire chuter l'accumulation énergétique, tenter de retrouver l'homéostasie. Il faut crier. Autrement ou plus fort. Et la mère encourage l'enfant, elle le maintient ce qu'il faut pour qu'il cherche, ce qu'il faut pour qu'il éprouve d'autres formes encore, d'autres sensations. Elle se montre compréhensive et solidaire, elle le console de son impuissance et l'encourage encore à redoubler d'efforts. Elle pare comme elle peut les tentatives d'échappement, les coups, les menées agressives de toutes sortes. Elle permet à son enfant de renouer avec la colère.

En s'opposant ainsi à la décharge stéréotypée, la mère restaure, redonne son sens à une manifestation précédente, à savoir la voie de décharge primaire dont la stéréotypie a réalisé un doublage, une sophistication malheureuse.

Cette voie de décharge primaire (cris et gesticulations) qui n'a pas été en son temps interprétée comme une demande et puis utilisée dans le frayage des neurones, cette décharge qui s'est finalement bouclée sur elle-même a constitué une « solution » dont il faut maintenant chercher la défaite, provoquer l'« altération ».

Si nous obtenons par le Holding l'échec (partiel) du système stéréotypé, une certaine énergie issue des excitations sensorielles ne trouvera pas les voies de son évacuation immédiate. Elle restera « pendante », offerte à la capture des frayages ouverts dans le système ψ. Voilà l'occasion retrouvée de la constitution dans le champ psychique d'un marquage mnésique qui sera le pas premier, décisif, nécessaire à la formation d'un réseau complexe.

Mais pour qu'une ébauche de réseau voit le jour, il faut retrouver la configuration initiale issue de l'expérience de satisfaction. L'association des trois neurones : celui du besoin, celui de l'objet de satisfaction, et celui des sensations kinesthésiques. Comment ce triangle neuronique initial peut-il être « redessiné » par le Holding?

Concernant la mobilisation du site neuronique correspondant au besoin (Freud parle de neurone du stade d'urgence), nous ne rencontrons aucun problème particulier. Le « dérangement » qu'on produit ne peut le laisser indifférent. Il est ainsi investi.

D'autre part, si elle provoque ce petit scandale énergétique, la mère en propose immédiatement le traitement. La privation qu'elle organise n'est pas une ablation rigoureuse et sans aucune contrepartie. Dans le même temps, elle procure par le Holding une série de sensations qui intéressent l'ensemble des organes sensoriels. Ces sensations (à prendre ou à laisser) sont les seules réponses que l'enfant obtiendra. Elles finiront par s'installer en regard des manifestations de sa détresse comme des formes de réponses « défectueuses » mais suffisantes, imposées à la place de « l'objet plein » des stéréotypies. Ces sensations (objets de consolation) prendront la « place neuronique » qui leur revient, la place qui doit être investie par l'objet de satisfaction. Il s'agit là du deuxième site.

Quant au troisième site, le « neurone » qui assure la connotation sensorielle et kinesthésique de la satisfaction, nous n'avons pas à le chercher très loin. Le corps-à-corps distributeur d'objets n'est pas sans investir par voie de conséquence immédiate (*Nebenfolgen*) le corps de l'enfant, en inscrivant à sa surface et en imprimant dans son fond les images sensorielles et kinesthésiques contemporaines des consolations, des satisfactions imparfaites distribuées par le Holding.

Nous disions plus haut qu'en perturbant les systèmes stéréotypés, on pouvait penser qu'une certaine quantité d'énergie serait à nouveau disponible. Dans ce cas, l'énergie libérée serait immédiatement utilisée dans le processus de formation des liaisons neuroniques perfectionnant l'ébauche du Moi au fil de l'expérience et du doublage kinesthésique de cette expérience.

*
* *

L'exploitation de l'hypothèse freudienne dans le champ du Holding touche à sa fin. Et je formulerai trois remarques rappelant le minimum théorique acquis, lequel se montra nécessaire et suffisant pour soutenir les premiers pas de notre pratique.

D'une part, l'intervention renouvelée de la mère (ou d'un tiers en tenant lieu) dans le jeu de la demande et de la satisfaction peut permettre de dépasser l'immédiateté stéréotypique.

D'autre part, et dans cette perspective, une prochaine excitation éveillée par l'insatisfaction trouvera les moyens d'atténuer son urgence en investissant un réseau dont la constitution a maintenant l'occasion de se développer. En offrant sa complexité, le réseau va rendre l'urgence « intelligible ». L'insatisfaction à venir, immédiatement connectée avec les traces mnésiques d'urgences et de satisfactions déjà éprouvées, sera ainsi comparée, identifiée, en quelque sorte « représentée ». Il en ira de même pour la formule de sa résolution, évoquée et « représentée » par anticipation.

Ainsi, l'ouverture d'un réseau neuronique plus complexe et le retour d'une énergie libre, disponible (soustraite au « gaspillage » stéréotypique), sont comme deux conditions remplies permettant d'espérer un nouvel essor des représentations et de l'activité de pensée qui les lie.

C'est à partir de ces données que j'ai pu entreprendre les séances de Holding. Avant d'en venir à d'autres questions théoriques, en particulier d'ordre éthique, il me semble utile de rappeler, pour les préciser, les conditions pratiques du déroulement des séances.

J'ai dit qu'il s'agissait de contenir l'enfant dans un embrassement ferme, suffisant à interrompre le court-circuit d'un « retour au même » toujours stérile au regard du développement de la pensée. Si l'indication du Holding est bien posée, il se produit régulièrement une crise. C'est une colère, c'est la rage anxieuse, le rejet hurlé de la *rupture de continu* que nous venons d'imposer.

Dans cette situation, nous produisons un commentaire simple, une sorte d'écho qui manifeste notre présence. En même temps, nous veillons à la qualité de l'étreinte. Qu'elle soit affirmée sans laisser ni l'angoisse ni le « désir de bien faire » dévitaliser le Holding. Si l'enfant se montre violent, nous intervenons en empêchant les coups, en interceptant la part de brutalité qui pourrait faire échouer l'entreprise. Nous rappelons régulièrement les principes de l'expérience en garantissant que cet affrontement exprime une problématique humaine simple, une sorte de « mise au point » destinée à *élever* l'enfant. Les parents, habitués à obéir, à capituler devant les manies et les exigences de celui-ci, sont fréquemment inquiets des mesures de rétorsion qu'il pourrait mettre en œuvre dès la fin du Holding.

Nous dirons donc immédiatement, comme dans une parenthèse urgente, que jamais il n'y eut rancune, vengeance ou aggravation du comportement dans les heures ou les jours suivant un Holding. Voilà qui ne serait pas nécessairement négatif, mais nous devons constater que ce n'est jamais le cas.

Lors d'une même séance, les colères succèdent aux colères avec une intensité décroissante. L'exaspération et l'apaisement alternent. Mais dans l'enfant revient régulièrement la poussée révulsive, la crise contre le « dérangement ». C'est comme un grief central qu'on voudrait bien voir s'égarer, se dissoudre dans la profusion des sensations que la mère propose. Mais l'enfant veille, il ne peut pas oublier la formule de « l'ordre ancien », celle des sensations fixes, et il repart en colère comme on repart en guerre. Il se souvient en acte. De tout son corps. Il recommence les cris, les sanglots et les contractions. On s'apprête à tenir bon. Et puis voilà qu'il dort. Il somnole. Un rien l'éveille et il geint doucement pour protester contre un bruit ou tel mouvement de la mère qui aurait dérangé la fragile mise en place de son repos nouveau, affecté par la confiance.

Cette confiance n'a pas été obtenue par une démonstration, une démultiplication de « gentillesse » thérapeutique. On n'a rien expliqué. On a imposé. C'est pourquoi, selon un schéma reçu, d'aucuns s'attendent au développement de la haine, au perfectionnement de l'isolement et de l'indifférence. Autant de sanctions qui sembleraient méritées, appliquées à l'adulte par un enfant mécontent d'avoir eu à connaître des limites. Voilà ce que redoutent les parents et la plupart des thérapeutes convaincus que l'enfant autiste pourrait *autrement* revenir vers nous. En analysant les alentours du fantasme maternel dans lequel il se trouve pris... En lui expliquant, avec des mots simples, en répétant trois fois et en parlant un peu plus fort, un peu comme à un sourd. Mais pour que cette manœuvre ait du sens, il faudrait supposer que l'enfant souffre d'une incompréhension simple et qu'il a soif de nous rejoindre au sein de notre « merveilleux » système de communication. C'est de ce genre d'espoir qu'il faut se défaire si nous voulons garder une chance de retrouver l'enfant, lequel, précocement arrangé sur un mode autosuffisant, n'a aucune raison d'envier notre organisation. De la même façon, le nouveau-né ne se hâte-t-il jamais pour venir partager avec nous les délices de la communication. Au contraire, il ne se passe ni un jour ni une nuit sans qu'il ne pleure, sans qu'il ne manifeste régulièrement la déception et la détresse que lui procure la participation au monde. C'est en « guérissant » de cette « opinion » que l'enfant vient finalement s'inscrire dans le jeu du désir qui nous retient tous, attablés à la vie.

L'enfant autiste ne souffre d'*aucune* urgence à communiquer. Très tôt s'est organisée en lui, pour lui, la recette d'une plénitude qui n'est pas sans faille, mais qui suffit à le dispenser de la nécessité de l'échange. Cette nécessité, par contre, elle est en nous, hommes communs. Elle correspond à cette incomplétude que nous portons et qu'on trompe en échangeant avec d'autres des formes, des formules de complétude, des martingales contre le Manque. Avec ce procédé, on trompe, on se trompe (ce qui faisait d'ailleurs sourire Lacan dès qu'on lui parlait de communication), car on sait que l'«autre» ne peut répondre efficacement à l'impossible de notre attente. C'est ainsi qu'on s'entend bien avec quelqu'un dès lors qu'on est d'accord pour se tromper ensemble. Mais ce n'est pas dérisoire de se tromper ensemble. C'est, au sens strict, passionnant.

Revenons à l'enfant dans l'autisme, occupé à l'arpentage de ses trajets stéréotypés. Pour renouer avec lui, il ne suffit pas de l'inviter. Il faut le convoquer. Les enfants qu'on engendre sont eux aussi arbitrairement convoqués. Et ces enfants qu'on soigne doivent être également « bénéficiaires » de notre goût pour l'existence, c'est-à-dire pour la vie, creusée d'incomplétude, travaillée par le désir d'en finir avec le Manque, lequel est increvable. Pour traiter ces enfants, il est nécessaire d'apprécier décidément l'existence. De s'en déclarer solidaire jusqu'à s'autoriser à légiférer en la matière et décider de faire partager, bon gré mal gré, les pleins et les déliés de cette existence à ceux-là mêmes qui n'en demandent pas tant.

On le voit, dans cette perpective, soigner l'enfant autiste nécessite qu'on accepte de manifester une opinion, de s'inscrire sous un postulat, frêle comme une chanson qui dirait que la vie est belle. Cette conviction est le seul élément dont nous disposons pour répondre à la question de la légitimité de notre intervention. Ce droit d'ingérence, nous ne pouvons le déduire d'aucune psychologie. La psychologie permet de penser une chose pour tenter de la modifier mais elle ne peut répondre à la question de savoir pourquoi il faudrait déranger «l'ordre des choses». La psychologie fait partie de «l'ordre des choses», elle ne peut pas en décider.

Le médecin (qui se doit d'entretenir les conditions permettant la vie), convoqué auprès de l'autiste, se trouve dans la situation d'intervenir sur un individu dont les jours ne sont pas immédiatement en danger. Et même la souffrance, qui pourrait dispenser de réflexion en imposant des mesures de soulagement, n'est pas toujours au rendez-vous. Il faut donc intervenir au nom d'un principe autre, à partir d'un point de vue idéologique. Ce point embarrasse les psychiatres qui voudraient bien résoudre «l'énigme» de l'autisme sans faire plus que d'extraire «l'erreur», dissiper le malentendu qui gêne le processus d'idéation. D'autres, comme moi, frottés de psychanalyse, aimeraient bien fournir à l'enfant et à sa famille des interprétations susceptibles d'éclaircir l'archaïsme de la situation. De manière que le sujet se ressaisisse et aille son chemin. Quel chemin? Le sien propre naturellement... Et pour aller où? Là où il doit bien sûr...

Aucune ingérence. Pas question d'entamer le capital de «liberté» du sujet à venir. Politiquement tout à fait correct. D'une innocence totale.

Mais comment faire jouer le ressort qui fera se mouvoir l'autiste en direction de tel ou tel objet? Le désir hérité du Manque, comment le restaurer sans pratiquer d'une façon ou d'une autre l'imposition de ce Manque?

Qu'on le recouvre avec le «Nom-du-père», qu'il soit équivalent au phallus à entendre comme signifié du désir, lié au manque de la mère... Tout cela va bien. Mais il reste à creuser dans le plein autistique, par privation ou répression, l'absence qui fera mouche, qui fera place pour que se forment les mailles d'un réseau complexe, une capacité de représentation, une activité de pensée.

Pour ce qui me concerne, la forme de l'existence autistique provoque une nécessité d'intervention à partir d'un point essentiellement subjectif qu'on peut situer dans ce champ où l'éthique et l'esthétique n'ont jamais cessé de se confondre en même temps qu'on cherchait à les y distinguer. Cette forme d'objet que l'enfant autiste réalise et impose conteste en moi l'existence d'autres formes : les formes de mon existence. L'architecture que j'ai dû développer pour réserver en moi à l'intention de «l'autre» cette place indéfinie où je ne cesse de l'attendre et de le perdre, cet espace pour lui, est le motif nécessaire à l'illusion de ma totalité. Mon seul espoir, c'est la réciprocité, que l'«autre» pratique en lui cette place pour moi. Si l'enfant autiste fait mon désespoir, c'est qu'il me prive de réciprocité. Il me nourrit d'ingratitude.

Cette insatisfaction qui s'origine donc d'un hiatus entre deux arrangements esthétiques, deux formes d'«existence», cette contrariété éprouvée au spectacle d'un comportement humain qui me «regarde» et défait mon illusion (ma totalité imaginaire), m'obligent soit à me détourner soit à m'engager dans la voie des recours susceptibles de réduire ce hiatus, de régler le rapport entre ces deux formes.

En d'autres termes, je dois mettre en œuvre (l'initiative m'en revient) les mesures qui permettront une rencontre effective entre deux façons d'être. Et ce peut être d'abord une forme de confrontation, laquelle ne peut éternellement être remise à demain, envisagée sous des formes rêvées, immatérielles, miraculeusement ébruitées par l'interprétation. Il faut accepter d'effectuer des actes, une intervention, dans la réalité d'un comportement et d'une organisation psychique momentanément hors de portée du langage. Pour élever nos enfants, nous accomplissons des actes de ce type. Il n'est pas possible qu'on délaisse l'inspiration qui les fonde, qu'on s'en prive, sous le prétexte que nous sommes thérapeutes.

C'est dans ces termes que la pratique du Holding s'est imposée à moi comme la moindre des choses à tenter pour faire évoluer les formes de l'autisme, les formes de son traitement. Cette pratique est bien sûr non analytique. Mais est-ce bien le moment d'analyser? Y a-t-il de quoi? Il y a à créer, créer des problèmes, créer du refoulé (originaire peut-être), créer de l'obscur, de la perte, de l'ignorance au sein de cet enfant qui ne sait ni se troubler, ni se tromper, ni oublier, ni rêver. Il faut aller vers la complication de son économie trop simple.

En réagissant à une interpellation que je situais à l'instant dans le champ esthétique, j'espère produire une modification qui offre à l'enfant l'occasion d'un déséquilibre, d'une poussée vers l'«autre», capable de changer la forme de son arrangement avec le monde.

D. LES EFFETS DU HOLDING. POINT DE VUE CLINIQUE

Voilà maintenant dix ans que je traite des enfants présentant des troubles autistiques, des manifestations de retrait, une phobie du contact, un évitement de tout ce qui pourrait «faire communication», et la présence de comportements stéréotypés.

Autant rassurer sans tarder les sceptiques : certains enfants ont parfaitement échappé au dispositif que j'avais construit pour eux. En cela, ils furent très souvent aidés par des parents qui ne comprenaient pas le sens de ce que je proposais. Mais ces échecs sont les miens. J'aurais pu expliquer autrement, attendre un moment plus propice. J'aurais pu comprendre qu'il était ridicule de proposer à des parents profondément affectés, sinistrés, une démarche qui nécessite qu'un peu d'espoir et de confiance soit encore disponible et que le deuil ne soit pas déjà fait de toute forme d'amélioration.

Il est aussi arrivé à plusieurs reprises que des enfants réagissant très positivement aux premières séances de Holding soient dispensés de la suite du traitement par des parents pourtant bouleversés, parfois même enthousiasmés par les résultats.

Je pense à un jeune garçon que j'ai eu l'occasion de traiter à deux reprises. Dès la première séance, les modifications du comportement étaient si précises, tellement incontestables que la mère, sans attendre la deuxième, me téléphona pour me demander ce qu'elle devait en penser. Elle ne savait pas comment réagir... Il jouait là, à ses pieds, tranquillement, sans cris, sans heurts... Que faire ? L'habitude qu'elle avait prise de « tout essayer » pour son fils et d'échouer régulièrement s'était installée en elle comme une attitude militante. Provisoirement, elle était déroutée.

Elle ne le fut pas longtemps car, dès après le deuxième Holding, je reçus une longue lettre embarrassée où je devais comprendre qu'elle allait désormais essayer autre chose pour guérir Marc. Le succès du Holding, incontestable, lui avait donné beaucoup d'espoir et elle comptait bien l'investir ailleurs.

Là je fus déçu, mais était-ce vraiment un échec ? Depuis huit ans, elle avait pris l'habitude de désespérer, de réclamer réparation, de mettre le corps médical au défi de réaliser un miracle... Et tout cela formait comme une prise en charge de l'ensemble mère-enfant. Une formule dont elle ne savait peut-être pas se défaire. Il ne semblait pas, en tout cas, qu'une amélioration toute simple l'intéressât encore.

Il faut dire que même si le comportement de l'enfant prouvait qu'on ne s'était pas trompé en pratiquant des Holdings, pour autant, on n'était pas comme dans les livres où ça guérit.

Mais on obtenait régulièrement des modifications.

Il faut se souvenir que si j'étais allé chercher le Holding outre-Rhin, c'était pour tenter d'infléchir le destin de Vivien. Ce garçon autiste dont le comportement menaçait d'épuiser la bonne volonté d'une équipe soignante toute entière fut le premier bénéficiaire de ces étreintes préméditées. Comme les résultats furent rapidement encourageants, nous n'avons pas tardé à proposer du Holding à qui voulait bien en prendre. Il y a toujours d'inévitables moments d'enthousiasme qui conduisent à généraliser. On n'y a pas manqué. C'était comme l'arrivée d'une grande éclaircie. On avait l'impression que tout devenait plus facile, on pouvait agir, proposer aux parents d'agir avec nous. On pouvait se montrer fermes sans risquer aucune brutalité. Nous n'étions plus désarmés, contraints de subir tout en maugréant. Dès la première année, on a donc appliqué le Holding à une vingtaine d'enfants. Il a bien fallu une deuxième année pour qu'apparaisse la nécessité d'être moins accueillants et de réfléchir sur les indications pour préserver sinon l'enthousiasme, au moins une certaine vaillance. C'est ainsi qu'aujourd'hui, nous pratiquons des holdings à la condition que tout laisse penser qu'un « résultat » est au moins probable.

Certes, nous aurions pu limiter d'emblée notre champ d'application aux enfants perçus comme des autistes certains et hyperactifs. Nous aurions « gagné » du temps. On aurait du même coup « perdu » l'occasion d'autres succès rencontrés dans le traitement de ceux qui ne présentent pas une symptomatologie typiquement autistique.

Il s'agit de tous ces enfants qu'on nomme débiles à défaut de pouvoir trouver en eux la conjugaison caractéristique d'un comportement stéréotypé et de toutes les variantes d'un évitement de la communication. Pour être autiste, il leur manque quelques traits significatifs. Ils déçoivent le nosographe. Dysharmoniques, immatures, paraphasiques, il leur manquerait un peu de volume crânien... Il y a une note organique, un soupçon génétique, des séquelles d'encéphalite... Et puis, ils parlent un peu...

Comme celle-ci qui utilise le langage de façon toute particulière : « Vais à la piscine moi non ! » Elle met la négation à la fin, le « je » n'est pas là. Tout cela ne va pas. Mais elle parle, elle regarde l'interlocuteur, elle sourit. Elle apparaît sympathique. Aucun évitement... Et puis, dans le couloir, elle va, agitant les mains, se balançant sur un mode stéréotypé. Elle s'étourdit en psalmodiant un prénom. Quand on l'appelle, elle n'entend plus. Il faut insister.

Cette enfant qui n'était pas complètement organisée sur un mode autistique a pourtant bénéficié du Holding. Tout s'est très bien passé. On pourrait dire que ce qu'il y avait d'autisme en elle a été touché, changé, et ses rapports au monde très sensiblement modifiés.

Notre enthousiasme initial, notre indifférence aux catégories de la pathologie nous ont ainsi permis de constater l'existence d'un champ d'efficacité inattendu. La contention animée du Holding intervenait dès lors que la pensée avait du mal à se constituer. Il ne fallait donc pas s'en tenir à la correspondance autisme-Holding, mieux valait considérer que l'étreinte imposée pouvait intervenir sur toutes les formes de l'existence élaborées dans l'évitement de la pensée.

Un critère s'imposait peu à peu, comme un principe d'ordre quantitatif.

Le Holding agit pour autant qu'il inaugure ou qu'il développe le processus de pensée jusqu'alors absent ou réduit à de brefs séismes incapables de dispenser le sujet d'une incessante et contraignante agitation.

Cette phrase pourrait suffire à définir de façon générique les indications. L'expliciter, la développer nous reconduirait à la construction théorique empruntée à l'*Esquisse*. On retrouverait l'organisation de cette diversion de la motricité dans le développement d'un réseau mnésique dont l'exploitation constitue la pensée. On retrouverait les arguments qui font du Holding l'agent de cette diversion.

Pour préciser les indications, on pourrait simplement commenter les modifications que nous tenons pour des résultats. Ces modifications sont des conséquences suffisamment tenaces et sensibles, des remaniements quelquefois décisifs, rarement spectaculaires. L'essentiel tient en un mot : le calme. Ce mot simple est comme une somme. La résultante d'améliorations qu'il est difficile de détailler car elles vont ensemble.

Ce calme revenu est le faisceau qui retient tous les signes du retour de ces enfants à une nécessité, voire un désir, de communiquer avec autrui. C'est d'abord la chute de l'agitation stéréotypée. C'est aussi, de manière concordante, l'utilisation accrue du langage. C'est enfin, très régulièrement, l'abandon des conduites d'évitement, le retour du regard, la prise en compte intelligente des limites.

Ainsi Vivien, après quelques séances, a-t-il inauguré une situation existentielle toute nouvelle : entendre et tenir compte de la parole de l'autre. Vivien, quelque peu dérouté, répondait à son nom et acceptait bon gré mal gré de tenir compte des recommandations que nous lui faisions. À notre demande, il pouvait interrompre le cours de ses stéréotypies. Leur forme même fut modifiée, travaillée par Vivien, jusqu'à atteindre à une discrétion qui les rendît admissibles par l'entourage. Pas de miracle donc. Mais quel étonnement pourtant lorsque nous avons constaté que notre parole comptait pour lui. Lui après lequel il fallait courir, lui qui déchirait quotidiennement ses vêtements, et puis qui s'en allait, bondissant jusqu'au parking où nous le retrouvions poursuivant l'exercice sur une automobile ; il fallait courir, il fallait hurler. Lui, il riait à en pleurer. Lui, maintenant, pour l'arrêter dans sa course, il suffisait de l'appeler. Il s'arrêtait mécontent, tapait du pied, apparaissait déçu qu'on refuse de participer à la superbe séquence d'agitation qu'il projetait. On constatait alors l'absence d'une sorte de malice, de celle qui semblait pourtant au principe de ses chahuts éreintants. Sa déception indiquait en effet que notre accord et notre participation lui étaient nécessaires. Son autonomie s'en trouvait diminuée d'autant. Il n'aurait pas dû s'arrêter, il n'aurait pas dû tenir compte de notre appel. Il aurait suffit qu'il continue de courir pour nous obliger à le suivre. Mais une certaine maîtrise venait de lui échapper. Il répondait à son nom et ce peu d'identité compliquait tout. Courir comme un sourd, il ne savait plus. Il aurait fallu qu'il fît semblant d'être sourd. Mais faire semblant, il ne savait pas. Il restait donc perplexe, étrangement stable, considérant le monde alentour depuis les barreaux d'une cage tombée du ciel à l'instant, exactement sur lui. Vivien ! Ça l'emprisonnait. C'était le début d'une conscience malheureuse. Un brin de conscience comme un fardeau. Ça ne lui disait rien. Ça ne lui apportait que du chagrin. À chaque instant, il risquait d'être affecté, contrarié par le monde inflexible. Très vite pourtant, il se tourna vers ce qui, du monde, restait flexible, le corps des autres, le corps d'Eveline, le mien, celui de sa mère. Un genou écorché, tel objet fétiche qu'on venait de lui dérober et Vivien, lui qui, deux mois plus tôt, aurait fait mine de rien, se précipitait pour demander réparation. Il nous saisissait, réclamait qu'on fît de même et puis, entre lui et nous, arrivait cette solution modeste qu'on appelle la consolation.

L'évitement du regard, bien sûr, n'était plus de mise. Tout au contraire, il arrivait qu'il soit pris de passion pour le regard d'autrui. Il immobilisait entre ses deux mains le visage de sa mère, entreprenait de le scruter méthodiquement pour finir précisément les yeux dans les yeux.

Dans ce dispositif réduit, la grimace devenait inévitable. Elle venait faire diversion quand le projet de l'enfant semblait culminer dans l'espoir d'une fusion réelle, donc idiote. La mère refusait de s'y perdre, d'y perdre son enfant. Elle refusait l'obscénité, elle grimaçait donc, elle parlait aussi. Des mots simples, des phonèmes répétés. Et, au fur et à mesure que l'enfant voyait s'éloigner, se perdre la symétrie qui faisait la fascination, il essayait comme il pouvait de rétablir l'unicité en copiant les motifs qui creusaient la différence. Il imitait les grimaces, les sons, il tentait d'attraper le souffle même d'une façon d'être qui le regardait. Maintenant, elle le regardait. Elle l'imitait. Elle faisait comme sa bouche. Avec ses yeux, elle clignait comme lui. Elle appelait ça jouer avec Vivien. Il ne jouait pas. Il protestait souvent. Il criait pour arrêter, pour empêcher tous ces démêlés, toute cette grammaire, le toi, le moi, le tu, le je... Qu'on s'en tienne à l'unisson!

Bref! Pour Vivien, c'est ainsi que la vie s'est compliquée.

Il s'était élevé, on avait commencé de l'élever jusqu'à un certain point. Ce fut le début d'une période heureuse. Calmement, Vivien pouvait attendre. On lui proposait des jeux simples, construire, assembler, il observait tout le matériel épars avant d'entreprendre la réalisation de petits édifices qu'on lui désignait évidemment comme des maisons. C'était plutôt des pâtés de maisons, la réussite d'emboîtements et de rassemblements qu'il considérait sans oser les détruire. Le plus souvent, on assistait à la construction d'une tour qu'il érigeait jusqu'aux limites des possibilités physiques, de ce réel qui annonçait par quelque vacillement l'imminence de sa sanction. Vivien négligeait l'avertissement et la tour s'écroulait. Restait quelquefois au milieu des décombres les vestiges de la base, trois ou quatre éléments qu'il s'empressait de défaire. Puisque tout n'était pas, il fallait que rien ne demeure. On l'encourageait à limiter cette tendance à l'expansion continue. Il échouait encore. On se querellait à propos du vingt-troisième étage qu'on essayait de faire valoir comme le sommet d'une réussite à tous égards satisfaisante. Alors, il se rebiffait et menaçait de représailles cette éducatrice de vingt-sept ans à peine qui se prenait pour Dieu. Il faisait signe qu'il allait mordre, elle ou lui, peu importe, il allait mordre. On criait qu'il ne fallait pas, il quittait la table. Il se faisait triste et cherchait à pleurer. Pas mordre l'éducatrice, pleurer l'éducatrice. Elle ne comprenait pas, elle voulait consoler ce chagrin. Mais il n'y avait pas de chagrin, seulement Vivien qui voulait pleurer la situation, le mieux possible, à gorge déployée. Et elle qui voulait contrarier ce solo, qui traitait ça comme un tapage. Elle ne comprenait rien. Lui non plus d'ailleurs. Tout de même, aussi longtemps que durait le malentendu, on y gagnait. Mordre on aurait compris, pleurer, on ne comprenait plus. Cette incompréhension même était un gain. C'était déjà un désaccord, une relation, une situation où liaison était faite entre Vivien et nous. On retrouvait, pour en prolonger les effets, la configuration du Holding. On continuait de s'affronter, de se tenir, jusqu'à faire venir des formes de protestation nouvelles, toujours plus complexes, essentiellement marquées par le préjugé qui fait de l'«autre» le responsable de tous les malheurs. Car, enfin, Vivien portait plainte contre nous. Au lieu de s'accorder à la mécanique du monde pour ne jamais le rencontrer, il considérait maintenant le réel comme une imperfection dont l'«autre» était responsable. Enfin, il commettait cette erreur nécessaire au progrès de la conscience.

Haïr le réel, ça ne mène à rien. L'enfant bien-né ne s'y trompe pas qui déteste bientôt l'«autre», cet «espèce de presque pareil» qui «peut bien faire» mais qui «pourrait mieux faire». Cette conviction douloureuse anime chez l'enfant un débat précoce qui oriente et départage les termes de son monde.

Récemment délogé de son organisation radicale, Vivien en venait lui aussi à cette «opinion» : que le monde était ce que l'«autre» en faisait.

À partir de là s'ouvrit un espace de négociation et d'accommodement; les améliorations du comportement devinrent sensibles, les stéréotypies et les conduites d'évitement s'atténuèrent. L'isolement de Vivien était défait.

Mais ce sont là des mots de psychiatre, de ceux qu'on appelle pour former les thèses et les articles.

Les parents, eux, racontaient leur satisfaction en d'autres termes. C'était souvent global. Trop à mon goût. J'aurais voulu savoir les détails, mais les détails se perdaient dans l'expression d'une satisfaction générale : « Il était bien plus calme ». J'en voulais un exemple ? Ils pouvaient m'en donner. Mais alors, c'est la vie toute entière qu'ils récitaient. Partir en voyage, avec ou sans Vivien, recevoir des amis, fréquenter les restaurants, les grands magasins, traverser paisiblement les week-ends, tout cela devenait possible. Et puisque j'insistais, on ajoutait que Vivien dînait et allait se coucher sans cérémonie. Un détail encore, il s'essayait à jouer avec ses frères. Autre chose ? Il obéissait à sa mère avec un empressement parfois déroutant. Récemment grippé, il avait accepté d'absorber des médicaments. Voilà qui était nouveau ! Les parents me trouvaient bien difficile. J'avais des difficultés à m'enthousiasmer. La cause en était probablement que je sous-estimais les embarras de la vie avec un tel enfant ; j'en découvrais l'ampleur en même temps qu'ils s'atténuaient.

Pour être plus sûr d'avoir par « mes » holdings apporté de la modification, de l'amélioration certaine, je demandais encore : qu'entendez-vous par « maintenant, on peut recevoir des amis » ? Patiemment, on établissait pour moi un comparatif détaillé du type avant-après. Avant, il perturbait la réception ; dès l'apéritif, il faisait main basse sur les cacahuètes. Décisif, ça ? Et comment ! Les invités tenaient absolument à minimiser l'incident et pour atteindre au calme, ils lui sacrifiaient les pommes-chips. Restaient donc les olives que Vivien n'appréciait guère. À cause du noyau. Tout le repas se déroulait ainsi sous la menace. Et tandis qu'au jardin, on entendait jouer les enfants, dans le couloir Vivien allait-venait comme pour hâter le départ des invités. La mère me racontait tout ça avec un certain sourire. Elle poursuivait. Maintenant Vivien demandait. Enfin... il faisait signe qu'il désirait telle ou telle friandise. Il n'était pas urgent de le satisfaire, il pouvait attendre, il se servait raisonnablement. Quand les enfants quittaient la table, il les suivait en espérant se mêler à leurs jeux. L'après-midi se prolongeait agréablement.

La mère souriait encore. Elle sentait bien qu'avec tout ça, j'aurais du mal à faire de la science. Un jour, elle me téléphona pour me faire le cadeau d'un élément décisif : « C'est un grand jour. Vivien fait du vélo. » Je restai calme. Là, c'était trop et je me fis régulièrement chapitrer à ce sujet qui dénotait d'après elle un certain manque de sens clinique. Est-ce que je ne comprenais pas l'importance de ce coup de pédale ? Fallait-il qu'on me précise que depuis trois ans Vivien restait installé sur son vélo stabilisé, exclusivement occupé à pédaler à l'envers. Il ne bougeait pas d'un pouce, il écoutait la mécanique de la roue libre qu'il entraînait des heures durant. Or, à l'instant, il venait de démarrer bon train, on avait supprimé le stabilisateur, il avait du mal à freiner, mais ça roulait ! Elle disposait d'une cassette qu'il fallait que je voie sans tarder. Très récemment, elle revint sur ce sujet : « Mais enfin, vous ne compreniez pas ? C'était important que Vivien accepte de faire ça ! Faire comme tout le monde, aller dans le bon sens ! »

Mais si, madame, j'avais compris ! Seulement voilà, j'attendais plus. J'attendais des mots, un bon petit noyau de langage, tout le langage retrouvé et pourquoi pas un peu plus tard les explications, les mémoires de Vivien dictées par Vivien lui-même. Et moi, comme un scribe en train de m'acquitter des dernières formalités de la guérison. J'ai mon côté ordinaire, je crois en quelques dieux. Mais ce temps-là est passé et cet enfant-là s'est chargé de régler ma croyance.

Il faut maintenant écrire, décrire le désenchantement qui a succédé à ces dix-huit mois d'améliorations coïncidant avec la pratique régulière du Holding.

Il aurait fallu tenir des années sans que changent les conditions de vie d'aucun protagoniste. Mais comme « tout change et rien ne demeure », la domesticité enthousiaste qui tenait Vivien comme il fallait, lui répliquait ce qu'il fallait, tous ces « gens » de Vivien ont trop vécu. Il y eut des changements, des stages et des mutations, il y eut même deux grossesses. L'équilibre heureux qui avait permis la bonne tenue de cette prise en charge s'est insidieusement défait. Une éducatrice, toute nouvelle, fut désignée pour accompagner Vivien dans ses progrès futurs. Elle le trouvait bien, très bien même. Le relais était assuré. Moi, j'étais confiant, je comptais sur le temps, que lui aussi fît son œuvre, qu'il apporte sa part. L'idée générale plus ou moins consciente était que le dispositif avait fait ses preuves; il avait apporté des modifications désormais irréversibles, il suffisait maintenant d'accompagner un processus.

Je me souviens mal de cette période. Ce fut l'affaire d'une année, année pendant laquelle nous avons peut-être oublié de penser Vivien. Le berceau que l'institution avait formé pour lui ne s'était pas défait, la forme en était conservée mais plus personne ne le gardait vraiment. Les holdings continuaient d'être assurés par les parents. Mais eux aussi, je le crois maintenant, perpétuaient surtout la forme de cette prise en charge. L'appétit de Vivien pour les holdings s'était décuplé, sa demande était devenue bien embarrassante pour des partenaires qui pensaient s'être acquittés de l'essentiel. Vivien avait changé, il suffisait qu'il continue.

Mais faut-il dresser la liste des erreurs? Pour quoi faire? Je n'ai pas la plume à ça. Cette année-là, chacun a crû bien faire. Il ne s'est rien passé. Rien de grave. Un nuage. Faut-il écrire ça? Écrire un nuage? Le noircir pour qu'il attrape la consistance d'une cause? Un ceci qui expliquerait cela?

Je sais seulement que notre vigilance a chuté et que Vivien s'est rappelé qu'il pouvait hurler. Il a hurlé pendant toute une semaine. On a trouvé une cause. Un mois plus tard, il s'est mordu gravement. On a trouvé une autre cause. Trois mois plus tard, Vivien avait renoué avec une bonne part de l'organisation autistique contre laquelle nous avions tant lutté. Non, décidément, le processus déclenché par le Holding n'avait rien d'irréversible. La trêve n'avait pas duré deux ans. J'écrivais plus haut que le «berceau institutionnel» de Vivien s'était trouvé mal gardé; on avait en quelque sorte oublié de le bercer, et bien, il n'avait pas tardé à s'organiser pour pallier cette défaillance : il pivotait sur lui-même infatigablement du matin jusqu'au soir.

On avait beau me proposer des causes et des raisons, me suggérer des explications, je ne voyais qu'une chose : les effets du Holding n'étaient pas irréversibles.

Aujourd'hui, ma déception demeure, mais la vexation a donné ses derniers effets. J'ai d'abord souhaité anéantir toute ma construction, faire disparaître et le bébé et l'eau du bain. J'aurais voulu qu'un bon séisme s'offrit à engloutir dans sa faille l'échafaudage de ma théorie en même temps que toutes les constructions, interprétations, explications nouvelles et à venir du «monde selon Vivien».

Ce n'était pas la première fois que mon réalisme se trouvait sanctionné. J'aurais mieux fait d'avoir des idées, rien que des idées, des idées éternellement préliminaires. Là, j'étais dans la déconvenue.

Mais l'équipe soignante veillait, qui n'était pas décidée à partager mes états d'âme. On m'a rappelé à l'ordre. Il fallait continuer de penser la suite. La suite ne concernait pas seulement la prise en charge de Vivien. Il s'agissait plutôt d'assurer la continuité des holdings entrepris avec succès auprès d'autres enfants. Ce qui fut fait.

Chapitre 4
Indications et applications aux formes d'autisme incomplet

Il convient maintenant d'aborder l'arithmétique et l'interprétation des résultats obtenus. Nous avons traité sept enfants présentant des troubles autistiques et un comportement psychomoteur correspondant aux indications du Holding. Pour cinq d'entre eux, nous avons vu les troubles autistiques s'amender et l'agitation faire place au calme retrouvé. Ces améliorations sont intervenues rapidement et se poursuivent aujourd'hui encore. Mais il existe deux cas qui sont des échecs vrais.

Par ailleurs, nous avons poursuivi le traitement de sept enfants, «autistes incomplets», de ceux dont on dit qu'ils sont débiles, qui se débrouillent avec un peu de pensée et sont parfois obligés de recourir aux stéréotypies pour traverser certains pans de solitude. J'ai déjà évoqué ces enfants qui n'évitent pas systématiquement la communication, qui parlent trop haut, trop fort et parcourent dans l'agitation un monde qu'ils ont du mal à lire. Ces inclassables ont régulièrement été touchés, atteints par le Holding.

Leurs parents se manifestaient spontanément pour signaler les modifications obtenues dès les premières séances. L'enfant affichait un calme d'une qualité inconnue. Il se montrait désireux et bientôt capable de comprendre certaines données, certaines limites, de trouver du sens à leur «explication». Il cessait de réclamer l'impossible.

Ces effets immédiats, s'ils avaient tendance à s'éroder, étaient régulièrement retrouvés et renforcés par une nouvelle séance.

Quand il était question de commenter le calme, on évoquait chaque fois une réduction de l'agitation, une certaine économie dans l'action. En même temps, il était dit que le bruit dont l'enfant avait coutume de s'entourer avait sensiblement diminué. Parfois, il restait silencieux. Certains parents affirmaient alors que l'enfant pensait. Il était pensif...

Ainsi, on aurait pu dire que les «cris et gesticulations» dont parlait Freud avaient laissé place au développement d'une structure jusqu'alors assez frêle, celle du réseau mnésique originé dans le marquage perceptif (au fur et à mesure de la succession des états de satisfaction) au double niveau du corps et des neurones interconnectés.

Le calme apporté par le Holding pouvait être compris comme le signe d'une rétention d'énergie habituellement évacuée sur le mode de l'agitation bruyante, désormais piégée par l'attraction d'un réseau neuronique plus largement frayé. En restant à l'intérieur du même principe d'interprétation, on pouvait retrouver des signes, des conséquences de cette rétention au sein du réseau mnésique. Une saisie plus certaine de leur situation empirique s'était immédiatement doublée chez ces enfants d'une disposition à se tourner vers «l'autre» avec une volonté d'accord et une tendance à l'identification. Comme s'il devenait plus facile et plus tentant de se mettre à la place d'autrui, de se perdre en lui pour mieux s'y retrouver.

Pour ces enfants, les effets du Holding correspondaient à l'extension, à la maturation d'un dispositif, d'un réseau déjà là, à l'œuvre, mais resté insuffisant à former par le jeu des investissements mnésiques un traitement des données sensorielles qui fasse matière à penser.

Ces troubles autistiques limités, ces pannes de la pensée sont apparus typiquement à portée du Holding.

*
* *

Concernant les enfants incontestablement autistes, les nombreux holdings pratiqués ont engendré des modifications qu'il est possible d'interpréter comme la création d'un réseau mnésique là où existait seulement un certain nombre (restreint et fini) de « petits circuits » mémorisés donnant aux stéréotypies leurs formes et à l'agitation son style. Il est probable que l'organisation simple, trop simple, qui réglait les rapports entre le corps de l'enfant et le réel ambiant, cette organisation a été dérangée. On est venu y inscrire quelque chose : une variable.

Je l'ai dit plus haut, le Holding procure en même temps régularité et discontinuité, il apporte une contrariété, installe une alternative en imposant l'abandon d'un circuit de satisfaction « stéréotypé » au profit d'un autre circuit moins satisfaisant. Ces deux circuits sont les termes de l'alternative. L'un des deux sera emprunté de manière forcée, à la place de l'autre, rendu indisponible par l'étreinte. Mais cet autre pourra cependant persister comme « devant être nié ». Autrement dit, deux circuits mémorisés, frayés séparément, pourront « co-exister » à la condition que l'un des deux soit affecté du signe moins. C'est là un point essentiel dans la mesure où il pose la question de la négation dont Freud, mais plus radicalement Hegel, ont montré la valeur décisive dans le progrès de la pensée. Nous y reviendrons dans notre conclusion.

Si on ne peut prouver que le Holding produit la réparation d'un tel processus, on observe toutefois des modifications du comportement intellectuel qui supposent l'élaboration de conjonctions de ce type entre ce qui est et ce qui n'est pas. Entre le possible et l'impossible, le réel et le rêvé.

Le Holding apparaît alors comme un opérateur capable d'occasionner, en interdisant l'accès au Tout, des combinaisons mnésiques nouvelles assurant une diversification des solutions du déplaisir capables de « démoder » les combinaisons de l'autosuffisance.

Pour deux cas, à deux reprises, cet opérateur n'a pas fonctionné. On a échoué à mettre en place une construction capable de modifier le comportement autistique. Dans la « littérature » des praticiens italiens ou anglo-saxons, les échecs sont fréquemment attribués à une mauvaise qualité de la prestation des parents. Il s'agit là d'une porte de sortie un peu étroite. Et dans mon expérience, j'ai pu constater qu'on obtenait parfois de bons résultats quand la participation des parents était d'abord purement formelle. Des parents réticents, «acteurs» médiocres, sont parfois transformés par l'ébauche des premiers résultats. Ils comprennent qu'ils peuvent influer de nouveau sur le destin de leur enfant. Ils peuvent le rattraper, l'accepter en même temps que s'imposer à lui.

Concernant ces deux échecs, je m'en tiendrai à leur constat. Plutôt que de produire deux petites fictions explicatives, je préfère traiter de «l'échec» en revenant sur les éléments négatifs de l'évolution de Vivien. Il s'agit alors de commenter «l'échec d'une réussite». Tenter de donner une interprétation d'améliorations d'abord obtenues et qui échappent ensuite.

*
* *

Précisons d'emblée que la situation actuelle de Vivien n'est pas celle d'un *statu quo ante* résultant d'une complète régression. Des modifications ont persisté. Il a perdu la malheureuse formule qui lui permettait de rester sourd aux appels, aux prières comme aux menaces. Il est désormais et pour toujours semble-t-il, sensible au langage. Il est incapable de l'utiliser comme tel, mais, en tant qu'expression de l'existence et du vouloir de l'«autre», Vivien en est affecté, il s'en formalise. Il est d'ailleurs intéressé par l'imitation, par la reproduction des sons, des phonèmes. Il tente de répéter. Mais là, nous rencontrons une difficulté qui nous ramène du côté du réel, du côté de l'organique dont on dit qu'il est «notre limite». Vivien, en effet, en plein effort pour bien faire, pour réussir un lien, un accord formel, Vivien trébuche dès que les phonèmes proposés à l'imitation ne comprennent plus le son A. Il réussit approximativement avec O et puis échoue complètement avec I. Comme si l'appareil phonatoire, le corps entier, ne pouvaient plus dépasser un schéma simple, celui de la combinaison du Tout et du Rien. Lors de la reproduction des phonèmes comme BA! ou PA!, qu'il projette sans difficulté, on a la sensation d'assister à la conjugaison du Rien de l'occlusion complète (B ou P) avec le Tout de l'ouverture, de l'aperture maximale du A, à peine diminuée avec O. Les modulations moindres sont impossibles. Il dévisage pourtant avec une grande attention le modèle, mais décidément, il ne peut plus, comme font les enfants, absorber d'un coup une chaîne phonématique en s'appropriant la chaîne motrice, les grimaces phonologiques responsables de la mélodie.

En dépit des empreintes montrant que nous avons certainement entamé l'autisme, il nous faut admettre qu'une régression est venue attester de la persévérance et de la prévalence du mode autistique sur le jeu des identifications aliénantes que nous avons tenté de promouvoir.

Quand j'aperçois Vivien (aujourd'hui encore) occupé à produire des mouvements rotatoires qu'il applique aux objets comme à son propre corps, je constate que, si nous avons créé les liaisons suffisantes à l'exercice d'une combinatoire plus riche, Vivien, dès qu'il le peut, en délaisse l'occasion.

Si nous avons restauré des voies permettant une ébauche de pensée, nous n'avons pas, pour autant, réussi à faire que celles-ci soient *obligées*, nécessaires.

Pour ça, il aurait fallu que les avantages de l'aliénation et de l'identification soient tels que l'enfant en vînt à délaisser les voies de l'autosuffisance. Mais celles-ci, probablement trop bien frayées, continuent de s'imposer au sujet, qu'elles dispensent des stratégies du désir et des atermoiements du choix. La stéréotypie c'est : vite-pareil-facile-tout. C'est mieux...

Aujourd'hui, nous devons nous en tenir à ce résultat : «l'autre» a acquis une existence certaine, mais cette existence n'affecte pas (ne regarde pas) Vivien à chaque instant. Il reste que, à force d'interposition au sein du court-circuit autistique, nous pouvons maintenant pratiquer par le langage des intrusions heureuses au sein du continuum sensoriel qu'il organise. Qui l'organise.

*
* *

Obliger la pensée à prendre forme pour étendre sa capture des données sensorielles immédiates serait l'effet essentiel du Holding. On le rencontre plus sûrement dans le traitement des enfants chez lesquels l'origine de la pensée s'est déjà trouvée occasionnée. Alors, il n'y a pas à créer mais à étendre, à augmenter un principe déjà en place.

Mais si rien n'est là, si l'origine même fait défaut, le Holding représente encore l'espoir, le moyen de produire une faille. L'occasion retrouvée de provoquer des représentations et de rendre la pensée nécessaire en obligeant son manque même à s'inscrire «comme une pensée» à partir du corps de l'enfant autiste, pris, «empreinté» par le projet d'un autre corps. D'un autre corps qui le pense.

DEUXIÈME PARTIE

Chapitre 1
Le recours à la technique des Packs

Dans la pratique du Holding comme dans sa théorisation, il existait un point faible, comme une contradiction qu'il fallait sans cesse oublier. Oublier que les parents étaient en fin de compte les plus mal placés pour occuper, dans le dispositif, la place qu'on leur attribuait. Mais cet oubli permettait justement qu'ils se trouvent parfois comme réformés par la pratique des premières séances. Leur inaptitude pouvait alors faire place à un zèle encombrant qu'il fallait modérer.

À certains, on n'aurait pas osé proposer une telle manœuvre. Ils auraient jugé que nous étions fous de vouloir traiter l'enfant comme un tout-petit, quand ils venaient vers nous pour qu'on le fît grandir, rattraper bien vite un vilain « retard » que plus personne ne parvenait à banaliser.

Les parents d'Isabelle appartenaient à une autre catégorie. Ils comprenaient, ils auraient bien voulu, mais ils ne pouvaient pas. Lucides, ils apercevaient clairement le point faible de notre proposition. Ce point-là correspondait à leur situation. Ni le père, ni la mère ne pouvaient s'imaginer en train d'assurer la fameuse étreinte autoritaire. Je n'ai pas insisté longtemps. Le stagiaire, lui, a poursuivi avec la mère une série d'entretiens qui ont échoué à modifier la situation. Et c'est un peu plus tard que l'idée lui est venue d'entreprendre avec Isabelle un traitement tout à fait direct, une variante, la variante des variantes, une immersion contenante. Et j'ai déjà dit qu'on comptait sur moi en cette occasion pour fournir une doctrine providentielle.

Mon manque d'entrain, j'en ai longuement exposé les raisons au début de ce récit. Je ne voulais pas, pour soutenir une pratique dans ses incertitudes et sa diversité probable, recourir à une théorie déjà « trouvée ». Finalement, j'allais pourtant agir, mais à partir d'une intuition personnelle qu'il m'appartiendrait de vérifier et d'élaborer au fil de l'expérience. Une certaine suite dans les idées serait nécessaire.

*
* *

J'avais décidé de recourir à la pratique des packs. Vieille pratique celle-là. Contrairement au Holding dont il fallait toujours excuser la nouveauté, les packs, tout le monde connaissait. C'était une nouveauté classique. Quand j'étais interne, on en parlait souvent sur un mode dubitatif. Certains en avaient faits, d'autres en avaient vu faire, on se promettait d'essayer. La chose qui nous arrêtait, c'était le manque d'entraînement et l'inexpérience totale de la plupart de nos maîtres en cette matière. Car une chose était sûre, on nous le disait et ça se répétait : il fallait une équipe parfaitement rodée.

Quatre infirmiers décidés devaient sans coup férir s'emparer du dément (non sans avoir passé au préalable un vague contrat avec lui), par quelques feintes de corps le faire basculer sur une paillasse confortable au fond d'un vaste drap mouillé, le recouvrir vivement d'autres linges ruisselants, enfin le maintenir serré, coûte que coûte, dans cette coquille de froid.

L'affaire devait durer une petite heure pendant laquelle on échangeait avec le patient bientôt réchauffé des propos hésitants entre le réconfort et la psychologie. Un biberon de lait tiède était proposé. Ce qui m'inquiétait, à l'époque, c'était la moisson des symboles que cette pratique devait produire. Les recueillir, les recenser, les interpréter. Tout cela devait aller si vite... On disait que certaines fois un scribe était requis, lequel, assis à l'écart, notait précisément tout ce qui s'échangeait.

Pour ma part, n'ayant jamais disposé de quatre infirmiers décidés, je n'avais jamais pu voir la suite.

Un beau jour, j'ai pourtant enveloppé calmement Isabelle dans un drap humide et froid. J'ai ajouté un autre drap que j'ai serré sur elle pour mieux la contenir. Conformément à mes souvenirs, on lui a fait boire un biberon de lait tiède. Ce fut le premier Pack. Ça semblait bien facile. On était loin du maintien éreintant des séances de Holding, on était loin aussi du scénario classique des packs d'antan. La difficulté était d'oser le froid. J'avais peur qu'Isabelle ne soit victime de ce froid dont je comprenais mal l'importance. Aussi avais-je transigé en fixant la température de l'eau aux environs de vingt degrés. Le stagiaire était là, deux éducatrices et une infirmière.

*
* *

J'essayais d'imaginer les pensées de chacun. J'attendais. Je me disais : eh bien, nous y sommes, l'enveloppement humide a remplacé le linge et l'urine... Isabelle qui humectait de salive les vêtements de ses poupées, la voilà bien humectée, maintenant, Isabelle ! S'il existe le moindre rapport entre le Moi et la peau, nous sommes en train de faire du bel ouvrage. En pensée, je m'amusais à mettre mes pas dans ceux du stagiaire. Et de me persuader que cette seconde peau, lourde, froide, et puis rapidement tiède allait sûrement restaurer la continuité d'une première peau défaite. Isabelle ne resterait pas insensible au phénomène, des petits points d'identification, comme des fourmis, se manifesteraient bientôt à la surface de son corps. Fourmillements coénésthésiques, premiers frémissements d'un Moi qui n'attendait que ça pour prendre ses quartiers...

Pour éviter de penser trop, les uns et les autres commençaient d'entretenir Isabelle en lui posant quantité de petites questions feutrées et innocentes. Tout le monde connaissait les réponses qu'elle refusait naturellement de donner. Tu as froid ? Tu as chaud ? Regarde Nathalie ! Où elle est Nathalie ? La petite riait et se mordait les lèvres. Quelquefois, elle proférait des sons énigmatiques. L'ensemble confus devenait chaleureux. Convivial. J'étais maintenant tout à fait tranquille. Je réfléchissais à ma construction neuronique. Mon fameux petit triangle moïque. Ne pourrais-je pas le reprendre ?

Pour ce qui était du premier des neurones (comptable du désordre énergétique), il n'y avait rien à changer : à la place de l'étreinte du Holding, la contention était là, également perturbante. Quant à l'objet de la satisfaction (biberon mis à part), on pouvait le trouver dans le réchauffement du corps d'abord saisi par le froid. Et là, je tenais le deuxième investissement neuronique. Restait le troisième site, en charge de retenir les sensations kinesthésiques contemporaines de la satisfaction. Plus difficile à retrouver ce troisième « neurone » !

Avec le Holding, on pouvait toujours soutenir que la diversité des postures et des sensations allait enrichir un réseau mnésique capable de produire des représentations. Mais dans la situation présente, je voyais une enfant assignée au logement d'une posture unique. C'était fixé, immobilisé de façon sûre, que son corps allait enregistrer des modifications allant de l'insatisfaction à la satisfaction. L'alphabétisation de la pensée, à partir des états kinesthésiques du corps, était plus difficile à considérer en partant de l'installation du Pack.

Je voyais se défaire ma théorie. On a beau dire toujours qu'une théorie n'est que fiction provisoire... Tout de même, quand l'un de ses angles s'arrondit tout d'un coup, c'est comme la fin d'une saison.

Mais il serait malaisé d'affirmer qu'un jeu de différences posturales allait, comme dans le Holding, donner corps et lettres aux états émotionnels en permettant une organisation de type mnésique. Ceci dans la mesure où les états sensoriels successifs éprouvés par le corps d'Isabelle coïncideraient chaque fois avec une situation kinesthésique sensiblement identique. Celle d'un corps allongé, immobile, « similaire ». Bien sûr, je pourrais toujours prétendre que d'inévitables petites différences suffiraient à soutenir l'élaboration d'une structure. Tout de même, il y avait cet écart spectaculaire entre le Pack (enveloppement matériel et fixe qui recevait de nous par délégation la tâche et la responsabilité de contenir) et l'étreinte tellement animée des holdings...

Cette évidence rendait bien difficile le petit « arrangement théorique » que j'avais un moment espéré. Il valait mieux envisager l'abandon du triangle neuronique freudien pour expliquer la pratique des packs. Restait encore une solution, désespérément satisfaisante : les packs allaient s'avérer dépourvus d'effet, à défaut, bien sûr, de présenter les caractéristiques du Holding. On ne pouvait pas le souhaiter, mais il n'était pas interdit d'y penser.

Plutôt que de nourrir ce tout petit projet, j'essayais d'envisager loyalement les caractéristiques du Pack. L'enfant acceptait d'emblée la situation, elle ne faisait rien pour s'y soustraire. Elle ne bougeait pas, ne criait pas, elle s'amusait à regarder. On pouvait penser ça en la voyant cligner des yeux de façon réglée, selon une suite, un protocole évoquant le jeu ou l'expérimentation. La suite des mouvements et déplacements qui assurait habituellement la continuité agitée d'Isabelle était par contre interrompue. On était avec elle, enfermés dans la même salle d'attente. En espérant que le temps allait s'afficher et que cette petite fille, pourquoi pas, s'en formaliserait.

Mais le temps passe toujours inaperçu. À sa place, ce qu'on perçoit, ce sont les accidents de l'espace. Quand on attend longtemps, quand passe le temps et que le regard s'attache machinalement aux motifs du tapis luttant contre les pieds du guéridon, quand votre tour arrive enfin, le temps passé disparaît tout d'un coup. Mais les arabesques, les losanges, tout l'ameublement du temps persiste en vous. À la fin, c'est donc l'espace qui s'affiche. C'est lui qui témoigne pour le temps. Je pensais à tout ceci à propos d'Isabelle en espérant que le Pack lui offrirait l'occasion d'une rencontre avec les catégories de l'espace et du temps.

Cet espoir nouveau prenait la place du modèle précédent. Je m'écartais des préoccupations freudiennes et du modèle énergétique qui avait soutenu la pratique du Holding. On m'avait pourtant récemment indiqué une certaine parenté entre mes efforts freudiens et les conceptions d'Henri Wallon ou d'Ajuriaguerra. Deux auteurs qui avaient considéré de leur côté que le corps et ses postures, sa kinesthésie mémorisée, constituaient la base d'une notation des états allant du plaisir au déplaisir. Leur conception du *dialogue tonico-postural* aurait pu consolider mes positions. Mais toute cette eau arrivait à mon moulin tandis que j'assistais à des efforts d'un genre nouveau pour apporter un peu d'existence dans la vie de l'enfant autiste. Je voyais s'organiser un autre mode d'interpellation, une adresse insistante faite à la perception : une certaine théâtralité.

Isabelle ne pouvait pas se dérober au spectacle de toutes ces grandes personnes vues d'en bas. On s'agitait gentiment autour d'elle immobile. On produisait des dialogues. On se cachait maintenant pour *voir ses réactions* (on partait en coulisse). Des objets, des accessoires étaient produits, manipulés. On brandissait un biberon... Démonstrations pour corps immobile. Pour des yeux captifs !

Sans l'avoir décidé, on improvisait une pièce sur l'espace et le temps. Tout à cette intuition, je continuais de me taire, je restais muet comme un compteur.

Ce qui faisait bouger les acteurs (le moteur de cette mise en scène) n'avait rien à voir avec des préoccupations conscientes à propos de l'espace et du temps. La théorie implicite qui me tenait assis, qui les faisait bouger, qui faisait marcher le stagiaire, c'était plutôt une histoire de schéma corporel. Je nous soupçonnais de vouloir réveiller en Isabelle «la conscience du corps». Ainsi, notre petite kermesse n'en finissait-elle pas d'offrir stimulations et sensations. Toutes les attractions de cette débauche raisonnable visaient les sens. On tapotait, on chuchotait, elle tournait la tête, on la prenait par le menton, on la ramenait à elle.

On faisait bien des choses comparables aux manœuvres d'une infirmière qui tente de sortir le patient d'une anesthésie un peu lourde. Le souvenir me revenait de ces opérés qui n'en finissaient pas d'entretenir avec Morphée la plus grande intimité. Ils n'étaient pas pressés de retrouver le cortège des sensations. L'esthésie ne les tentait pas. Il fallait leur en faire la réclame, la même qu'on faisait aux nouveau-nés qui tentaient régulièrement d'arracher à leur mère quelques secondes d'éternité supplémentaires. À la fin, ils criaient.

Isabelle ne criait pas, elle soufflait, elle pouffait, elle s'en foutait. Les yeux, les oreilles et la peau, tous les organes étaient bien là, ouverts. Mais il y avait comme une morphine subtile qui continuait de courir à leur surface et d'entretenir probablement un agréable désordre des sensations contre toute forme d'organisation de la perception. On pourrait bien l'envelopper, la développer, la frictionner longtemps... Pour qu'elle s'en formalise, il faudrait que la somme des sensations se trouve ramassée en un point équivalent à la conscience. Mais pour que ceci advienne, il faudrait qu'une première instance s'acquitte de l'opération. Qu'un petit *déjà là* puisse assurer cette formalité. On le postulait sans cesse, le *déjà là*. Sans lui, on était perdu. Sans ce petit brin de Moi, nous serions contraints de retourner à quelque tabula rasa. Et d'y rester attablés, retenus, éternellement préoccupés.

Après tout, on avait peut-être bien raison de le postuler si fort le petit grain moïque. C'était peut-être un moins grand péché de le supposer présent que de prétendre en désigner l'émergence au point d'intersection de mille trajectoires toutes exprès calculées pour justement, l'intersection, la produire.

Chapitre 2
Le Pack, l'espace et le temps

A. ABORD PHÉNOMÉNOLOGIQUE

Avant d'entreprendre les packs, j'avais fait part de mon embarras à un homme dont l'œuvre témoignait d'une aisance et d'une indépendance certaine à l'égard des théories en quelque sorte *préconçues*. Il m'avait conseillé l'expérience. Revenir à, m'en remettre à l'expérience. De ça, vous n'en manquerez jamais, avait-il dit. Il faut vous en remettre à elle, élaborer ensuite ce qu'elle vous suggère. J'aurais voulu qu'il me renvoie, qu'il m'adresse à quelqu'un. À Kant par exemple. Pourquoi Kant? demandait-il. Je lui expliquais que lors de mes explorations autodidactes, la radicalité, le grand froid de l'*Esthétique transcendantale* m'avaient retenu. Il avait l'air de trouver ça superflu. Peut-être même démesuré. Il m'a indiqué d'autres auteurs et, pour finir, m'a recommandé une dernière fois l'expérience. Elle est là. Vous n'avez qu'à la prendre.

Nous nous sommes quittés de bonne humeur et je suis retourné à ma table de travail où le «pourquoi Kant?» m'est revenu. Ça me tracassait. Je ne comprenais pas pourquoi cette référence ne l'avait pas enchanté. Il aurait pu me dire : que voilà une excellente idée! Mettons-nous immédiatement au travail! Écrivons Kant et l'autisme! Au lieu de cela (inimaginable en vérité), je me devais de répondre tout seul au « pourquoi Kant ».

Depuis longtemps, j'avais envie de prendre au pied de la lettre l'idée très largement reçue que les enfants autistes n'ont conscience ni du temps, ni de l'espace. D'autre part, il me semblait que Kant avait envisagé ces deux « objets » sur un mode tellement scrupuleux que je pouvais profiter de sa réflexion pour imaginer la matière des accidents de leur perception chez les autistes.

Bien sûr, le petit *déja-là* dont je parlais à l'instant était-il déja-là, bien installé dans l'œuvre du philosophe ; concernant ce point précis, je ne pouvais pas compter sur un éclaircissement. Mais cette petite chose déjà là, offerte aux sensations, Kant s'en préoccupait immédiatement et de manière telle, tellement détaillée, qu'il semblait possible d'y apercevoir le point où le sujet autiste, offert lui aussi au flux des sensations, allait soit bifurquer, soit se mettre en panne pour échapper à la constitution d'une connaissance. Et les premiers objets dont la connaissance était examinée se trouvaient être justement l'espace et le temps. Ils étaient considérés comme la condition d'existence de tous autres phénomènes ; leur installation dans le sujet nécessitait une *saisie* d'un type tout à fait particulier : *l'intuition pure*. L'intuition pure ne signifiant pas ici quelque chose qui est intuitionné, mais pure condition formelle précédant le phénomène.

J'avais imaginé, avant de les entreprendre, que les packs pourraient fixer le corps d'Isabelle dans une situation sensorielle correspondant à l'exercice de la *pure intuition* de l'espace et du temps. Quand je dis exercice, il n'est pas question d'une façon de s'exercer à l'intuition. Il s'agissait plutôt de produire, de régler un dispositif sur l'exercice d'une faculté tellement radicale de l'être humain qu'on pouvait difficilement la supposer manquante chez l'enfant, fut-il autiste. Je savais qu'un philosophe, un vrai kantien, pourrait être choqué par mon hypothèse. Mais si je pouvais ainsi progresser dans l'élaboration d'une représentation théorique, il serait toujours temps par la suite de m'excuser de cet emprunt, ou d'y renoncer.

Après avoir relu l'*Esthétique transcendantale* et pris connaissance de son commentaire par Heidegger, il m'apparaissait qu'on pouvait saisir un plan de clivage entre deux « moments » de l'intuition de l'espace. Et c'est là que je pensais pouvoir situer l'originalité de la coupure autistique pour en tirer enfin quelques réflexions sur notre pratique nouvelle.

Il s'agissait de la différence entre *la forme de l'intuition* et *l'intuition formelle*. Ces deux temps d'appréhension de l'espace sont bien entendus simultanément présents chez le sujet normal. Mais chez l'enfant autiste, je trouvais imaginable que *l'intuition formelle* soit absente. Cela revenait à dire que la « notion d'espace », l'autiste la possédait bel et bien. Mais, si j'ose dire, seulement pour moitié. Seule *la forme de l'intuition* serait à sa disposition. Ainsi était-il offert aux sensations. Il ne souffrait pas d'anesthésie. Il était sujet à l'intuition sensible de l'espace. Et la preuve qu'il était *saisi d'espace*, c'est qu'il n'organisait pas son tournoiement dans n'importe quel point de la pièce. Il tenait absolument à effectuer son mouvement stéréotypé en un angle précis qui lui permettait de rencontrer successivement deux fenêtres donnant sur le parc, deux béances qu'il appréciait. De même, celui-ci qui courait toujours, ne s'élançait-il jamais si l'espace qui s'offrait à sa course était insuffisant. On ne l'avait jamais vu courir jusqu'au mur et s'arrêter blessé, surpris par la brièveté de l'espace.

Enfin, on pouvait tenir comme une preuve de la participation de l'autiste à l'intuition de l'espace, la sensibilité douloureuse, l'intolérance qui se manifestaient en lui lorsque quelque chose, de l'espace justement, venait à être inopinément modifié. On parlait alors d'organisation obsessionnelle... C'était peu dire. Il aurait mieux valu, dans ce cas, parler d'une *immuabilité* nécessaire au plan de la manifestation de l'espace.

Heidegger commentait ainsi la différence entre forme de l'intuition et intuition formelle : « *La forme de l'intuition donne simplement du divers et l'intuition formelle l'unité de la représentation* », et plus loin : « *L'intuition formelle est ce qui, pour la première fois transforme en objet exprès l'espace, en tant que le ce sur quoi subjectif de la prise de vue* ».

Des formules comme celles-ci me permettaient d'entamer des totalités comme : les autistes n'ont pas la notion de l'espace. Ou encore : ils ne possèdent pas la troisième dimension. À la place de ces carences, de ces cases, vides, qui auraient dû contenir espace et perspective, je préférais me représenter l'absence de l'organisation de l'espace comme le défaut d'une variante décisive de l'intuition. Il était plus facile d'imaginer provoquer, chez l'enfant autiste, le glissement d'une forme de l'intuition à une autre forme de l'intuition, que de nous représenter en train de travailler à combler la case vide de la troisième dimension.

Pour que tout cela s'entende mieux, il faut déplier tant soit peu les deux formulations kantiennes de l'intuition.

La *forme de l'intuition* désigne la faculté même de se trouver ouvert, sensible à l'espace, à l'étendue qui est devant moi et qui n'est pas moi. Qu'il en soit ainsi est absolument nécessaire à la constitution et à la saisie de toute autre chose. Ce moment de l'*intuitionner* est forme, forme même de l'*intuitionner*, disposition formelle essentielle. Préliminaire de toute perception : *cette forme est la matière des formes*. Des formes à venir. Et je supposais donc que l'enfant autiste possédait cette qualité. La «forme même de l'intuitionner» ne pouvait lui manquer.

Quant aux «formes à venir», mettons qu'elles soient celles des objets, ou celles de leurs rencontres, organisées dans l'étagement de l'espace qui les retient. Ces formes sont dégagées par *l'intuition formelle*.

Cette deuxième forme de l'intuition, en effet, ne donne pas l'espace en vrac. Elle nous sort de ce vrac. Dans le désordre originel d'une sensation de l'étendue elle va donner l'espace comme un *divers*, subitement ordonné dans *l'unité d'une représentation*, unité manifestée par des formes juxta, post ou superposées, formes vouées à la perception et aux «agissements» de l'entendement. Or, cette organisation (unité de la représentation apportée par l'intuition formelle), lorsqu'elle n'était pas tout simplement absente, semblait continuellement incertaine et vacillante chez l'enfant autiste.

Mais cette conception, en quoi pouvait-elle nous aider? Est-ce qu'on allait mieux approcher, mieux décrire l'autisme avec ces considérations distinguées? Et les packs dans tout ça?

Et bien justement, pour l'instant, les choses n'allaient pas mal du tout. Mes préoccupations n'apparaissaient pas déplacées au regard de la pratique. Je continuais d'assister au petit théâtre soignant, avec spectateur captif auquel la troupe thérapeutique s'efforçait de donner une représentation bouleversante de l'espace et du temps. Mon interprétation était évidemment déterminée par un parti pris laissant de côté toutes les similitudes, toutes les tentations analogiques suggérées par le Pack au regard de la situation affective du tout-petit. Il impliquait de renoncer à interpréter ce dispositif comme une proposition de régression. Cette voie aurait pu rendre les services d'un raccourci. Mais je n'étais pas pressé. Je ne voulais pas non plus m'élever jusqu'au point de vue psychanalytique. Et comment descendre? On ne quitte pas comme ça une position traditionnelle avec vue imprenable sur l'ensemble de la chaîne causale.

Je souhaitais rester dans les parages immédiats du phénomène afin d'éprouver le plus longtemps possible les contradictions et les impasses de la situation.

Isabelle tournait la tête quand ils s'approchaient trop près de son visage. Quand ils disaient : allez Isabelle regarde-moi! Regarde Nathalie! Nathalie, là! On savait bien où la trouver Nata-Lilas. Dans l'espace, elle occupait une place simple Ati-la : là! Entre le stagiaire et la fenêtre! Mais, activement, Isabelle fermait les yeux. Elle clignait de l'œil droit, elle serrait les dents et fronçait le nez. Cette petite motricité précise et décidée, localisée pour l'essentiel au visage et au cou, me laissait voir l'absence d'une autre motricité, celle, empêchée, des stéréotypies. Isabelle essayait peut-être de renouer avec ce modèle. Les ébranlements réglés de la musculature du cou pouvaient le laisser croire. On avait toutefois l'impression que ces petits mouvements étaient loin d'avoir l'efficacité nécessaire à la «neutralisation du territoire sensoriel». Une petite motricité décidée. Rien du bel automatisme qui réglait la suite des sauts, déplacements et tournoiements. Cette grande valse composée tout exprès pour faire perdre la tête. Mais qu'est-ce qui se perd dans la tête quand le corps se donne à la valse ? Quand le mouvement stéréotypé efface, prend dans son bourdonnement, couvre de son bruit les petites invectives de la perception et de la pensée ? Y perd-on l'espace ? Y perd-on le temps ? On n'y perd rien, on confond. On se confond.

Balancement, tournoiement, tout mouvement indéfiniment prolongé tendant à *revenir au même* semble lutter contre la perception de ce qu'il est. À savoir une figure, perçue dans l'intuition fondamentale de l'espace et de son changement, de sa modification liée au temps, lequel (pour Kant) est au principe de l'intuition interne constitutive de « ma » permanence ou encore du « sens interne ».

La stéréotypie s'oppose ainsi à la mise en scène de cette conjugaison de l'espace et du temps pour tendre, au contraire, vers la représentation de leur nullité, ou encore de leur superfluité. En même temps, la déroute du « sens interne » (qui est pour le sujet l'indice de l'existence) s'expose. Concernant le sujet autiste, cette déroute n'est pas totale. Il n'est pas allègrement perdu. Il se porte disparu, et c'est lui qui porte, c'est lui qui doit multiplier les actes pour échapper aux indications de sa position.

Au contraire de l'animal qui n'a besoin d'aucun stratagème pour échapper à l'existence, qui va et vient sans jamais savoir où il est, qui n'a besoin ni de se trouver ni de se perdre. Immédiatement égaré en même temps que tenu, guidé et passionné par le rôle qu'il obtient d'emblée dans la grande histoire des prédateurs et des proies, l'animal est saisi, situé ; il n'est pas soumis aux laborieux évitements de la conscience que l'autiste semble devoir produire et entretenir.

Mais revenons à Isabelle. Était-ce bien raisonnable de gesticuler ainsi dans l'espoir de produire des effets exactement en regard du point aveugle de son système ? On insultait au bon sens. Comme si on voulait vérifier que *langage*, *désir*, *autre*, tous ces concepts nécessaires *organisés* dans l'étagement de l'espace et du temps étaient perdus pour de bon, vraiment inaccessibles. Les draps mouillés n'y changeraient rien. Après cette démonstration de zèle thérapeutique, on pourrait se réunir un bon coup, tous ensembles, pour déclarer qu'on s'était bien battus. Qu'on y avait cru jusqu'au bout, certains plus que d'autres, mais que l'adversaire était vraiment plus fort, beaucoup trop fort.

Quand on a retiré les draps, Isabelle est ressortie intacte. Chacun est reparti vers d'autres tâches sans commentaires. Elle a rejoint la salle ou son éducatrice l'attendait et, ce jour-là, quand même, elle a oublié d'uriner sur les fauteuils. Elle est restée longtemps assise, occupée à regarder et à bailler. Rien de spectaculaire. Elle n'est pas «sortie d'elle même» pour nous adresser des signes ou des messages. Elle n'a rien fait de ce que le public (le grand) attend d'un autiste qui sort de sa forteresse vide, claque la porte et ainsi de suite... Il a fallu se contenter une fois encore d'un *certain calme*, d'un recul de l'agitation, d'un comportement plus «lent». Le bruit de ces modifications s'est répandu et les acteurs thérapeutiques ont repris espoir.

Je ne savais quoi penser à propos des petites modifications. Si elles duraient, on me demanderait des *contes*. Il faudrait bien que j'en dise.

B. NOTION DE CONTENANT FORMEL

Les séances de Pack se sont multipliées. L'expérience unique a donné naissance à une pratique stable, bihebdomadaire.

Je réfléchissais, tâchant de ne pas m'éloigner (on me l'avait conseillé) de l'expérience. L'attitude spontanée des participants m'encourageait à tenir pour pertinentes mes préoccupations à propos de l'espace et du temps. Ils parlaient, bougeaient, jouaient, réclamaient le regard, quêtaient les réactions. Ils essayaient de tracer de manière appuyée, le mieux possible, qu'elles soient sonores ou visuelles, tactiles aussi, des arabesques, des figures, de bien les dessiner, sur fond d'espace et de temps. Comme si une pédagogie allait s'avérer possible qui mènerait le sujet à la perception claire de son propre contour, par comparaison, par l'opération d'un entendement «déjà là». Ce qui ressemblait à une contradiction.

Mais la mère au-dessus du berceau dit et produit de telles « erreurs ». Elle anticipe. Elle s'adresse à la conscience d'un sujet, comme s'il était « déjà là »... Tout le monde trouve ça très gentil de sa part. On dit même que c'est exactement ce qu'il faut faire. Prendre une certaine avance sur l'enfant, ne pas se soucier du décalage, lequel produira lui-même son effacement. La mère profère, elle invite. Elle s'adresse à un corps peu mobile, captif pour ainsi dire. Elle lui dit qu'il va falloir attendre cinq minutes avant de prendre le bain... Elle dit ça à quelqu'un qui n'a pas trois semaines. Il la regarde. Elle ne peut pas lui expliquer ce que parler veut dire. Elle va procéder comme s'il comprenait. Et bientôt tout se passera comme s'il avait compris. Elle n'explique pas, elle ne prouve pas, elle ne démontre pas, elle montre le langage et le monde.

Il s'agit d'une monstration comme celle dont parle Wittgenstein à propos d'un élève qui regarde le maître écrire au tableau une série de chiffres. Après un certain temps, l'élève dit : « Je peux continuer seul, j'ai compris ». Il a pris la relation contenue entre les différents chiffres sans que cette relation ait été expliquée. Il s'y est accordé.

L'unité de la représentation permettant de *quitter le chaos du divers*, cette *intuition formelle* qui manquerait à l'autiste (comme peut-être à tout nouveau né) ne pourrait-elle s'acquérir de la même manière ? Comme un exemple auquel on s'accorde ?

Cette mutation du perçu prendrait alors son exemple, son ordre, dans une analogie avec l'ordre d'un système « déjà là ».

Comme ces « hauts » et ces « bas », ces « fort ! » et ces « da ! », ces « oh ! » et ces « ah ! », tous les « plus » et les « moins » charriés par le discours qu'on adresse prématurément à l'enfant et qui constituent un système de « déjà là » exemplaire, capable de donner au sujet un support pour ses démêlés avec l'espace et le temps : sa situation formelle.

Des manifestations, chorégraphiques, scénographiques, peuvent également exprimer les termes d'une structure organisée car elles sollicitent l'espace de façon sensée. Et je crois qu'il en était ainsi quand on proposait notre jeu de formes à l'encontre d'Isabelle immobilisée. On soufflait devant elle, pour elle, le verre des apparences. On espérait qu'elle y verrait son reflet, qu'elle s'en saisirait, qu'elle s'apparaîtrait. La transmission de *l'intuition formelle du monde ordonné dans l'unité de la représentation*, on pouvait bien imaginer qu'elle arrive ainsi ! À force, justement, de représentations.

On pourrait nous faire remarquer que chorégraphie et scénographie sont des formations secondes par rapport au langage. Mais, à supposer que le langage soit premier (ou décisif) dans la genèse des troubles autistiques, ceci n'impliquerait pas qu'il en soit le remède premier. Encore moins l'abord exclusif. Ainsi, je ne refusais pas l'idée que le Pack soit tout entier traversé par le langage, mais tous mes espoirs tenaient plus immédiatement à la situation particulière du corps dans cette expérience. Sa situation d'être une forme. Sa motricité gênée, son empêchement, sa kinesthésie limitée *selon une forme* (comme un motif sur un fond), permettraient peut-être au corps de se déduire, de s'éprouver comme le prétexte du reste. Le reste du monde alors considéré, compté, à partir d'un petit tas sensoriel. Un point de sens, le premier signe d'une ponctuation à venir.

Le produit du heurt entre cette forme d'Isabelle et d'autres formes n'avait aucune chance de se constituer si Isabelle pouvait répondre aux démonstrations formelles des acteurs du Pack en s'échappant, en *s'absentant*, par la mise en œuvre de quelques stéréotypies, «figures libres», désaliénées. Mais là, son corps pris allait représenter le pendant obligé de tous les incidents formels qu'on lui adresserait. Il en serait le répondant unique. La carte forcée. Après coup, cette forme-là, obligée, serait *comme* une première lettre. Le point d'initiation de toutes les lettres, de tous les états de corps ressentis par défaut, à partir d'un seul état contraint. Contraint de se manifester comme forme au regard d'autres formes, au regard d'autres états de choses, constitutifs du monde.

Ce que je voulais croire était à peu près ceci : le dispositif du Pack, enveloppement fixe et comportement des «acteurs», pouvait imposer un jeu formel impliquant de façon essentiellement logique une information de la perception du monde chez le jeune autiste. Les altérations de l'espace présentées dans les mouvements et déplacements produiraient l'ouverture à l'intuition formelle de l'espace et du temps en déterminant chez le sujet la saisie de sa permanence, ce que Kant aurait appelé le «sens interne».

À travers notre «jeu de scène», nos commentaires, le maniement des objets qu'on lui présentait, nous manifestions nécessairement à Isabelle une orientation. Une lecture «déjà faite» des propriétés de l'espace, intuitivement appréhendées par un humain lui étaient présentées. Des opérations de cet ordre, naturellement produites dans la relation parents-enfant, sont bien sûr immédiatement doublées d'un jeu affectif fort qui masque leurs caractéristiques logiques et formelles. Il serait évidemment inutile que les parents prennent conscience de cette dimension. Par contre, il paraît tout à fait nécessaire que l'équipe thérapeutique qui forme les séances de Pack sache bien qu'elle peut produire, avant toute chose, des relations formelles et logiques manifestant une orientation, un sens allant à l'encontre de l'informe autistique. Que les acteurs sachent bien qu'ils développent avant tout une communication de pure forme. Alors, comme Garelli disant du théâtre qu'il est *un lieu infusé de présence*, on pourrait concevoir le Pack comme infusion d'espace et de temps, infusion formelle.

Mais une autre candidature conceptuelle s'est alors proposée, une appellation dont l'évocation devenait inévitable, c'était le *signifiant formel*. On m'en avait rappelé l'existence à plusieurs reprises. Des amis qui s'ennuyaient de me voir ainsi dériver dans la métaphysique m'avaient recommandé la lecture de Tobie Nathan lequel utilisait cette notion dans son ouvrage «*L'influence qui guérit*». Je ne voulais pas y aller. J'étais en train d'écrire et j'avais peur de lire. Et puis, bien heureusement, ils ont insisté et j'ai reçu la photocopie du passage qui devait m'intéresser. J'ai lu très vite. Mes amis s'étaient trompés : Tobie Nathan «reprenait» le signifiant formel pour s'en démarquer. Mais l'important n'était pas là. Autre chose : il exposait une conception de la genèse de la signification en parlant de *contenants formels*. Or, ces *contenants formels* n'apparaissaient guère différents de ce que j'appelais pour ma part des *relations formelles et logiques*, appliquées immédiatement à l'enfant comme indispensables préliminaires à l'orientation de son monde et à la défaite de l'informe.

Je n'ai guère usé jusqu'ici du repos que procure la citation. Mais le moment est venu de citer justement quelques phrases qui m'ont alors réconforté. Elles arrivaient, réellement, à l'instant où je ne pouvais plus ajouter à ma tentative pour établir en empruntant à Kant une sorte de sol, absolument simple, débarrassé d'*a priori* psychologique.

Tobie Nathan écrivait :

«... *ces contenants formels constituent probablement la matière des premiers échanges entre la mère et le bébé. Par ailleurs, ils ne possèdent en eux-mêmes aucun sens mais sont à l'origine de la construction du sens... Nous pouvons même construire une conception de la genèse de la signification comme découlant d'une articulation entre un contenant formel et un couple d'interlocuteurs qui habitent pour ainsi dire le même contenant formel...*»

Ce à quoi je tenais le plus dans cette première salve était «*ne possèdent en eux mêmes aucun sens mais sont à l'origine de la construction du sens*». Cette façon de poser qu'il n'y avait pas toujours déjà là un petit sujet malin, comprenant le monde d'emblée, inspiré-aspiré-par-le-langage-déjà-toujours-là, c'était rafraîchissant. Non, tout malin qu'il était, il fallait bien quand même qu'on lui mime le monde, qu'on lui en présente la façon, qu'on lui en singe les manies foncières : le mouvement, l'avant et l'après, l'ici et là... Bon. Le pressentiment de tout ceci ne pouvait lui venir que d'une contamination. D'une sorte «d'entrez dans la danse!» Une de ces danses absolument fondamentales dont parle Nathan un peu plus loin pour dire que, à l'instar d'autres objets, actes, talismans, sacrifices, fétiches, elles ont pour fonction *de faire naître le symbole mais ne sont pas générées par le fonctionnement symbolique.*

Et Tobie Nathan insistait pour éviter l'emploi trop systématique de la notion d'identification. Devait-on, par exemple, parler d'identification lorsqu'un chat devant lequel on clignait des yeux se mettait lui aussi à cligner des yeux ? Nathan préférait parler de transmission logique.

Par parenthèse, il faut signaler ici qu'on avait spontanément utilisé des clignements d'yeux pour jouer avec Isabelle dans son Pack.

Après avoir énuméré quelques manières de correspondance forme à forme entre la mère et l'enfant, *mimétique, symétrique, complémentaire, analogique,* toutes formations résultant d'une sorte de comparaison avant la lettre entre *la forme induite par le corps de la mère et une autre structure corporelle* (celle que l'enfant est en mesure de produire en regard de celle qui lui est présentée), Tobie Nathan ajoutait ceci :

« *Enfin, ces contenants formels sont strictement logiques et non affectifs. Il est alors inutile de penser que la mère transmet un affect. Elle transmet un contenant qui aura pour fonction d'informer l'affect de l'enfant. Nous considérerons donc que la première communication mère-bébé est logique avant que d'être affective.* »

*
* *

Ainsi, ce que j'essayais d'obtenir du texte kantien pour interpréter et travailler l'aspect formel que j'avais isolé dans le dispositif du Pack, je le trouvais maintenant formulé de manière vive, immédiatement issu de l'expérience ethnopsychiatrique. Sans constituer une preuve, cette coïncidence apportait un appoint décisif, une manière de validation. D'autant plus que le point de vue de Tobie Nathan dérivait d'une expérience dont j'étais très éloigné, toute mon « ethnopsychiatrie » tenant en effet dans l'observation du comportement de mes collègues, engagés dans un projet thérapeutique qui n'avait pas l'excuse de la science.

Chapitre 3
Journal des séances de Packs

Pendant une année, la pratique des packs n'a concerné qu'une seule enfant : Isabelle. Le contenu des séances, les hauts et les bas de l'expérience, tout est venu s'inscrire dans un cahier bleu pâle, à ressort, petits carreaux, PACKS sur la couverture. Très propre, comme tous les cahiers neufs, il a vite attrapé les marques d'usage. Deux taches rondes, deux tasses à café oubliées s'étaient chargées d'inscrire le passage du temps sur la couverture. À l'intérieur, on trouvait tous les styles. Des notations brèves, optimistes, une écriture large et des demi pages couvertes d'une écriture fine, plus perspicace et moins optimiste. Bien d'autres, irrégulières.

Écriture de lutte, toujours un peu menteuse, jamais brillante, parfois exactement aussi décourageante que certains temps de l'expérience dont elle rend compte. On y trouve aussi quelques bâillements, des petits mots vides, griffonnés à la hâte parce que c'était la veille du pont de l'ascension...

De ce cahier, j'ai tiré la matière des pages qui vont suivre.

*
* *

Après le premier Pack, Isabelle est plus calme. Tout va mieux. Mais, bientôt, elle retrouve l'agitation. L'ensemble symptomatique se reconstitue...

On l'enveloppe plus fermement. On craint qu'elle ne mobilise dans la stéréotypie les lieux du corps restés libres...

Cette fois-ci, elle frissonne à l'avance. Elle cligne des yeux, se mord les lèvres. Éclate de rire, lutte contre la position allongée. On ne veut pas la contrarier trop longtemps, on finit par la laisser se redresser. Ensuite, elle pleure et se mord les mains...

Aujourd'hui, elle baille, calme. Elle prononce des mots. Elle dit : « pipron ! » On comprend biberon. Après, le lendemain, dans le courant de la journée, elle va s'arranger pour parler du Pack, elle dit « mouillé », elle répète « pipron ».

C'est lundi. Les draps mouillés provoquent un bref frisson. Elle baille, cligne des yeux. Son regard se fixe à celui d'Antonella. Elle dévisage. Silence et regard fixe. Antonella ne tarde pas à parler du biberon pour déserrer l'étreinte du regard. Mais Isabelle ne veut rien que continuer à regarder. À la fin, elle ouvre et ferme les yeux. Très vite. Comme un exercice...

Un Pack très long maintenant. On a oublié l'heure tant elle était calme. Et tandis qu'on la dé-packe et qu'on bavarde, elle fixe profondément la bouche de Nathalie. L'intérieur de la bouche.

Aujourd'hui, elle a dit « c'est froid ». Bâillements. Grimaces. Sourires appuyés, adressés. Et, maintenant, les yeux roulent, et clignent, s'écarquillent... Tous ces exercices intéressants sont interrompus par la demande de biberon. Ça ennuie tout le monde cette histoire de « pipron ». Comme une stéréotypie.

On cherche à obtenir qu'elle parle. On fait mine de ne pas comprendre son « pipron », on réclame qu'elle dise au moins : du lait ! Si on lui propose le fameux biberon, on exige qu'elle l'accepte en disant oui.

Autrement dit on se perd. Voilà tout le monde engagé dans une méchante petite voie. Une petite manœuvre pédagogique. Elle l'aura son biberon, à condition qu'elle le demande. On tourne en rond et Isabelle connaît ça.

Elle est de plus en plus excitée. À la fin, on se calme, on donne, elle se calme. Se lève et regarde avec grande insistance la boucle d'oreille de Nathalie. On craint qu'elle ne l'arrache. Nathalie la lui donne. Avant de le rendre, Isabelle scrute et caresse le petit bijou argenté. La pierre verte et les sept minuscules lamelles articulées sous la pierre verte. Dans la marge, j'ai écrit : penser à forme sur fond, perception et limite.

Vient une série de Pack où elle tente de s'approprier l'ensemble du dispositif. Elle s'allonge, fait quelques grimaces, accepte d'échanger quelques regards et réclame tout à la fois le biberon et la fin du Pack. C'est fini! dit-elle.

Elle devient propriétaire de ses packs. Et nous, invités, locataires.

Mais nous sommes là, avec elle, nous avons en commun quelques grimaces et quelques objets. Des formes sont là qui peuvent s'offrir au sens. Exemple : pendant toute la durée du Pack une soufflerie fonctionnait qui s'arrête d'un coup. C'est là un contenant formel qui peut accueillir du sens : interruption, cessation, passage de quelque chose à autre chose. Et, d'ailleurs, Isabelle s'empare de cette forme, elle indique clairement que le Pack est maintenant terminé. Elle s'est trompée, mais nous avons tous compris instantanément comment et pourquoi. Son erreur nous est apparue sensée. Le contenant formel n'a pas été utilisé de façon identique par elle et par nous. Il a tout de même été partagé.

Isabelle a cessé d'uriner sur les fauteuils et les tapis.

Mais depuis quelque temps, elle est décidément sans entrain. Elle semble lassée par les jeux, par la participation active qu'on lui impose. Elle veut bien continuer à imiter ceci ou cela, à froncer les sourcils et à tirer la langue mais je vois bien qu'on la dérange.

Toute cette routine laborieuse devient comme un fond. Un fond sur lequel elle prend appui pour voir, regarder, mieux voir...

Elle lève un peu la tête. Elle voit mieux le cou de Nathalie. Sur fond de chair, elle a vu, repéré le fin sillon d'une chaînette. Elle écarquille pour attraper, garder l'éclat du métal. Elle se passionne pour ça, pour ce motif : une forme qui incise le fond. Il y a là quelque chose. Un truc en or. En dessous et alentour, c'est le grand large, c'est la peau, c'est les environs qui s'étendent. De tout ça, Isabelle a sorti quelque chose. Elle a prélevé un trait de collier, elle peut le garder, le regarder encore, elle est comme lui, un trait tiré sur le fond de ce qui n'est pas elle.

Elle regarde beaucoup alentour, la tête droite émerge seule de l'enveloppement. Elle détourne son regard en direction du mur. Quand elle sort du Pack, elle vérifie les objets, les murs et le plafond qu'elle essaie de toucher.

Dans la vie quotidienne, le «non» est apparu. Elle peut jouer. Elle donne à son agitation une forme de chahut, de jeu, et le mêle aux jeux des autres enfants. Il lui arrive de s'affairer pour assembler les pièces d'un puzzle. J'ai horreur des puzzles et le succès qu'ils rencontrent auprès des psychotiques a tendance à me les faire apercevoir comme de tristes manies. Mais on peut être surpris de la voir retenue par le projet de constituer une forme. Pas la forme de «blanche neige et les sept nains»; non bien sûr, mais le rectangle plat, luisant et complet du puzzle reconstitué. Bien à plat sur la table.

Pendant les séances, nos actions consistent à jouer avec l'espace. Il y a deux sortes d'espace qu'on essaie de présenter à Isabelle. Il y a l'espace qu'on voit et celui qu'on ne voit pas. Et puis du coup, il y a les objets visibles et ceux qui ne le sont pas.

On s'attache à faire apparaître et disparaître objets et personnes qui sortent du champ de vision d'Isabelle tandis qu'on évoque leur permanence. Le biberon est là, sous la serviette. On ne le voit pas, il est là. Antonella est sortie mais elle reviendra. On guette son retour dans le champ. Ça prend un certain temps. Les coulisses prennent de plus en plus d'importance.

Maintenant, Isabelle dit oui, elle dit non, elle dit caché.

Nous fabriquons de toutes petites histoires pleines d'absence et d'absents. On appelle tous les invisibles par leur nom, Julien, le livre de Popi, le petit seau vert, maman. Isabelle dit des oui et des non. On va chercher quelques invisibles : apparition du livre de Popi, disparition de Laurence qui revient avec le petit seau vert. Isabelle cligne des yeux. Calée au fond de son Pack, elle assiste à tout ce trafic...

Trente-deuxième séance, elle résiste à l'enveloppement. Cette fois, elle dit : j'ai froid. Elle regarde la serviette sous laquelle le biberon est dissimulé : caché! caché! Quand on le découvre, elle fait : Ohhh, et quand on le cache elle répète : caché! Cette variante du Fort Da nous rassure. Et puis, nous savons que par ailleurs Isabelle parle de plus en plus. Alors revient le vieux démon : puisque la machine symbolique est branchée, on va lui faire fabriquer du langage. On va la faire parler.

« Tu vas aller à la maison ». Elle répète « maison! » « Tu vas goûter ». Elle dit « goûter! »

« Prendre un bon bain ». « Bain! » « Regarder la télé ». « Télé! »...

Les cinq packs suivants sont consacrés à perfectionner l'illusion, augmenter le lexique, exciter la parole, faire que la parole vienne en parlant.

Nous voulions que quelque chose arrive, nous ne savions plus quoi donner. Alors, on voulait recevoir. Isabelle va régler bien vite cette erreur en adoptant une attitude proche du mutisme. Coup de semonce. On a pris peur, on s'est tus.

En aurons-nous perdu, du temps et de l'énergie, en s'accrochant toujours à cet espoir en forme de langage!

On décide de rester silencieux. D'être avec elle. D'illustrer à la lettre la « capacité de rêverie » de Bion. Isabelle retrouve une disposition calme et confiante.

Quarante-deuxième Pack. On décide de jouer avec la forme du biberon. On présente à Isabelle des biberons de fantaisie, dont un parfaitement plat, une silhouette de carton, d'autres grotesques.

Elle les apprécie tous. Elle est intéressée par cette forme d'absence de l'objet compensée par la présence de son fantôme. Elle fait semblant de les boire ces « non-biberons »...

Nous sommes en mai et la série des packs sera interrompue dans un peu plus d'un mois.

Pendant une séance, une violente dispute éclate dans le couloir. Antonella doit sortir. Antonella cachée! dit aussitôt Isabelle. On a eu le temps de la voir, brièvement bouleversée, rassemblant ses forces et tout son savoir vivre pour exprimer, couvrir de mots, la chose qui venait d'arriver.

Elle est de plus en plus sensible et devient comptable de toutes les modifications de formes. Telle personne qui s'efface, tel objet, le biberon dans tous ses états, les murs et le plafond, mais aussi les petits « trucs » en plus, les bijoux, ces petites formes, anneaux, chaînes, boucles qui désignent le fond de chair sur lequel ils reposent.

Curieusement, les dernières séances auront bien des choses en commun avec les toutes premières. Une radicalisation de la tendance théâtrale. On se cache, on lui cache le visage, on échange les places et les rôles, on joue tout simplement du dispositif en considérant Isabelle comme une spectatrice. Cela semble lui convenir. Elle passe successivement de la vision monoculaire à la vision binoculaire. Et puis, occlusion complète des yeux. Voir pas, dirait-on.

Elle accorde beaucoup d'attention aux objets qui limitent, qui «font» l'espace. Les zones d'ombre et de lumière. De tout cela, elle nomme de temps en temps quelques choses.

Dernière séance.

Début Juillet. Après le cinquante et unième Pack, elle nous rejoint dans une autre pièce et nous pousse dehors un à un. Chaque fois elle dit : «Dehors!» Enfin, elle sort pour vérifier le résultat de l'opération.

En septembre, les séances reprendront, mais les packs seront proposés à la plupart des enfants accueillis dans l'institution.

Chapitre 4
Interprétation des effets du Pack sur la perception et la pensée Points de vues idéaliste et réaliste

Avant de commenter cette heureuse généralisation, il faut revenir sur certains éléments contenus dans les « notes de séances » qui suggèrent des compléments au schéma théorique déjà élaboré.

Un comportement doit être maintenant remarqué et analysé. Il s'agit des manifestations observées au niveau de la face et plus précisément de la motricité oculaire. Les « exercices » pratiqués par Isabelle indiquent bien que pour elle, maintenant, il y a « à voir ». Elle fait l'expérience des limites du champ visuel, elle semble comparer la vision binoculaire à l'aperçu monoculaire, elle ouvre et clôt les paupières; toutes ces manœuvres sont accompagnées de secousses motrices intéressant la tête et le cou.

Or, si le dispositif du Packing manifestait et proposait une intuition organisée de l'espace, il supposait, en regard, la possibilité d'un certain point de vue, celui d'Isabelle. L'exercice simultané de la vision borgne et de la vision binoculaire en suggérait maintenant l'existence. L'ouverture et l'occlusion déterminées des paupières allaient dans le même sens.

On pouvait donc se sentir invité à éduquer ce point de vue et à développer une capacité à constituer ainsi des perceptions. Par ailleurs, j'avais rencontré les prémisses d'une telle conception dans l'exposé critique de la théorie d'Helmholtz par Jacques Bouveresse dans son ouvrage (*Langage, perception et réalité*).

Pour le physicien et physiologiste contemporain de Freud, la perception s'élaborait en quelque sorte aux dépends de la sensation. Cette dernière, envisagée au niveau particulier de la vision, n'était d'abord qu'une collection d'indices extrêmement imparfaits qui devaient se trouver interprétés grâce à un enrichissement constant issu, pour une part, d'une capacité à produire des inférences inconscientes immédiates, sorte de jugements innés, et, pour une autre part, de la conjugaison de ces indices optiques avec l'expérience de l'espace fournie par le toucher. La proportion entre l'inné et l'acquis étant laissée par Helmholtz dans les broussailles de l'indécidable en attendant qu'une avancée du savoir vienne l'en sortir. Concernant le point particulier de l'organisation tridimensionnelle de l'espace, Helmholtz ne comptait sur aucun « centre nerveux » spécialisé dans cette fonction. La vision unique en trois dimensions devait être obtenue par une série d'inférences inconscientes, heureusement confrontées à l'expérience motrice et tactile de l'espace. L'intuition pure, kantienne, se trouvait en quelque sorte aménagée. L'innéité, en effet, ne la contrariait pas. Toutefois, pour aller de l'intuition à la perception, Helmholtz prévoyait l'intervention d'un processus empirique d'apprentissage. Il fallait imaginer l'arrivée sur la rétine de petits indices flous, physiquement peu fiables, des données brutes et en double exemplaire, lesquelles peu à peu, au fil des inférences et des expériences, allaient former une perception claire, unique et tridimensionnelle. La perception devait ainsi se constituer en prenant le pas sur la sensation par un processus d'apprentissage comparable à l'acquisition du sens qu'on dégage peu à peu du bruit de la langue maternelle.

L'exposé critique de cette conception par Jacques Bouveresse était particulièrement intéressant en ceci qu'il nous amenait à penser l'installation de la perception, et donc de notre pratique, depuis les deux points de vue traditionnellement opposés du « réalisme » et de « l'idéalisme ».

Avant de poursuivre, il faut ouvrir une parenthèse à propos de cette terminologie et de la manière dont nous l'utiliserons. La notion «d'idéalisme» peut être opposée au «réalisme naturel» mis en avant par certains auteurs à propos de la perception (Putnam). Nous allons adopter ce partage et nous utiliserons le terme d'«idéalisme» pour désigner *une conception de la perception correspondant exactement aux mécanismes physiologiques considérés comme la cause, l'intermédiaire nécessaire et suffisant à la perception et à la reconnaissance du monde.* Ce point de vue sera opposé dans tout ce qui suit au «réalisme» (naturel ou direct), qui désignera *la possibilité d'un savoir immédiat, une connaissance issue directement de la rencontre du sujet avec les objets du monde.* Appréhension dénuée de toute considération pour les éléments intermédiaires du fonctionnement physiologique.

Parenthèse fermée, j'en reviens aux conceptions d'Helmholtz.

Elles pouvaient donner du sens à notre intervention dans le domaine de la perception. Nos «manœuvres» soignantes, en effet, enrichissaient probablement l'ensemble des expériences sensorielles auxquelles Isabelle appliquait des modalités variées de la vision (binoculaire, monoculaire, etc.). Ainsi, en informant le brouillard sensoriel par la profusion des expériences, le jeu des formes pouvait-il lui apparaître et se préciser.

Pour autant, à partir de là, allions-nous organiser une sorte de protocole d'excitation rééducative ?

Au contraire, je souhaitais continuer de proposer à Isabelle des événements formels, des jeux auxquels je ne voulais pas que s'attachent d'illusoires précisions techniques. Qu'on augmente l'expérience, mais en vrac, sans prétendre en maîtriser les effets. Car je tenais à la notion de «contenant formel», cette organisation, cette production de la matière du sens par l'utilisation de formes disponibles. Et je pensais que ces «contenants formels» devaient, pour atteindre la profusion nécessaire à la signification, rester le fruit d'un comportement spontané.

Or, une stratégie de stimulation typiquement rééducative, risquait de nous ramener à l'utilisation d'un schéma, qui aurait fait d'emblée la part belle aux stimuli, à tous ces petits points piquants que j'avais déjà utilisés pour parler du Holding et que je trouvais maintenant contraignants. Le stimulus, en effet, promène toujours avec lui ses modèles, enregistrement, mémoire, information, et ainsi de suite, jusqu'à l'intelligence. Freud, qui avait beaucoup emprunté à Helmholtz pour bâtir l'*Esquisse*, n'avait d'ailleurs pas gardé au stimulus Helmholtzien son caractère original (insuffisant, arbitraire, devant être complété) cible d'inférences inconscientes qui devaient le rendre «digne» de participer au phénomène de la perception. Il en avait fait une donnée sûre...

En observant Isabelle, je voyais qu'elle profitait sans réticence des surprises sensorielles que nous imaginions pour elle. Prise dans une forme qu'elle pouvait à chaque instant ressentir et vérifier, adossée à sa contention propre, le corps enveloppé, touché de façon permanente, elle semblait ne plus voir pareil, elle regardait, elle nommait parfois. Elle paraissait s'éloigner du sensoriel pour atteindre ponctuellement à la perception de l'espace et de ses objets; peut-être d'elle-même.

En empruntant à Merleau-Ponty, on aurait pu dire qu'elle devenait un voyant-visible. Que la vision incarnée, appuyée, conjuguée au toucher, prenait une allure subjective. Que l'enfant commençait de se saisir comme être visible et qu'elle pouvait retourner cet être visible, comme un gant, sur le monde qui devenait alors visible pour et par elle. On aurait pu prétendre que ce chiasme, cette chair commune au monde et au sujet, la pratique des enveloppements en favorisait la formation. Ainsi, le Pack aurait-il pu trouver sa justification dans la sollicitation des concepts de Merleau-Ponty. Mais de cette œuvre, j'ai craint la profusion qui s'offre à l'emprunt et à la citation. Merleau-Ponty est là, comme le premier des phénoménologues auquel on a recours quand on n'en peut plus d'être Freudien. Comme un oncle qui n'a pas changé d'adresse et qui attend, confiant, le retour. Je sentais que j'aurais pu m'installer chez lui, m'y perdre aussi, le lecteur avec, et pour finir conclure à la faveur d'une métaphore particulièrement bien trouvée. C'est ainsi qu'on peut utiliser un système philosophique pour éviter la réflexion. Mais cette commodité réclame en contrepartie une érudition monotone à l'endroit de l'œuvre, une sorte d'obstination savante.

Je préférais poursuivre dans l'obstination candide.

Une chose semblait acquise : le Pack mettait Isabelle dans une situation favorisant une disposition sensible qui pouvait la conduire à la perception. Mais le comportement d'Isabelle pouvait aussi apparaître comme la mise en scène de la rencontre entre une surface sensible et des impacts sensoriels. L'enfant apparaissait excitée, affectée par des stimuli, tactiles, sonores, visuels... Et ceci n'allait pas dans le sens d'une appréhension immédiate et formelle du perçu. Le comportement évoquait plutôt la mécanique d'une causalité.

Il faut dire que, d'une façon générale, tout se passe comme si l'autiste était, plus que tout autre, susceptible de se trouver dit et résumé selon une approche de type «idéaliste» et strictement causale. Nous en trouvons l'indice dans la régularité avec laquelle on nous présente ce handicap comme une affection éducable par l'acquisition de comportements de type réflexe. Rien d'étonnant, dans la mesure où la passivité du sujet autiste et l'allure stéréotypée de ses réactions aux stimulations, le «proposent» comme un support.

Pour éviter de s'en tenir à cette réduction «automatique» du point de vue, il faut donc se décentrer et postuler, faire l'hypothèse que, depuis la position autistique, peut s'élaborer une saisie du monde, une rencontre avec tel objet, vécue par le sujet de manière immédiate. Qu'il advienne qu'un «Je» voie un «ça» dans une heureuse confusion, une véritable co-naissance. Cette possibilité correspondant à la position «réaliste», nous devons en supposer l'existence pour ne pas rester limités à «l'éducation sensorielle des autistes» avec toute la tristesse qui s'attache à des pratiques relevant parfois du conditionnement simple.

Mais il est vrai que la possibilité d'une connaissance, d'une prise de sens immédiate est toujours difficile à concevoir. Presque choquante. Il est plus facile d'imaginer à la manière d'Helmholtz la combinaison d'une part d'innéité, d'une part d'inférences inconscientes, et enfin, de données empiriques qui font passer les stimuli sensoriels au niveau de la constitution d'une perception.

Quant au partage kantien des sens et de l'entendement, il ne laisse guère plus de place à la connaissance immédiate : *l'entendement ne peut rien intuitionner et les sens ne peuvent rien penser.*

Toutefois, Helmholtz lui-même s'est trouvé embarrassé par cette partition kantienne qu'il a proposé de reconsidérer en disant que « des opérations de nature proprement intellectuelle étaient impliquées dans la réceptivité sensible elle-même ». Bouveresse insiste sur ce point, qu'il commente en ces termes : « *Apparemment les sens, contrairement à ce qu'avait dit Kant, pensent bel et bien* ».

Il n'y aurait pas, d'un côté, des sens excités, et de l'autre, un cerveau qui centralise et organise l'interprétation des données. Cet embarras semble en appeler à la recherche d'une conception différente (intermédiaire) de la perception et de la connaissance Sans être, bien sûr, en situation de formuler une telle conception, nous essaierons de dire comment nous avons réglé ces deux points de vue à l'endroit de notre pratique.

*
* *

Au plus près de la position « idéaliste », les packs sont à voir comme l'équivalent d'un bombardement stimulant, une sorte d'insistance adressée aux organes sensoriels. Notre intervention est alors concevable comme une déstabilisation de l'organisation autistique qui voudrait garantir la maîtrise du sensoriel et plus précisément de ses variations. C'est le *dérangement d'un arrangement* dont j'ai déjà parlé à propos du Holding et que je continue de voir comme une opération préliminaire indispensable.

Mais, si l'on s'en tient à cette seule « idée », il n'y a aucune raison de faire cesser le bombardement stimulant. C'est ainsi que certaines pratiques existent qui consistent à stimuler de façon quasi permanente des enfants autistes. On se relaie autour d'eux jusqu'à épuisement de toutes les bonnes volontés assemblées pour l'occasion. Il n'est pas exclu qu'on obtienne des résultats. On obtient toujours certains résultats.

En gardant un moment la position « idéaliste », en continuant de nous adresser à des *sens qui ne pensent pas*, au moins pouvons-nous dire que la situation particulière du corps dans le Pack, son immobilité relative, sa surface continuellement stimulée, installent les conditions d'une expérience sensorielle privilégiée.

Quand j'observais Isabelle qui, après la séance, insistait pour toucher, «vérifier» le plafond, les murs, ou certains des objets qu'elle venait de «voir», il apparaissait que nous lui avions procuré des expériences sensorielles qui n'étaient pas vaines.

Intéressée par l'exercice et «l'examen» des données sensorielles, elle pouvait en disposer et les vouer de façon variable à la perception.

J'apercevais alors notre pratique du point de vue de «l'idéalisme» comme la production d'effets, résultants d'une *intervention sensorielle causale*, destinée à être mise en forme par «l'entendement».

Mais je n'en ressentais pas moins la nécessité de retrouver la part d'une conception autre, «réaliste», de l'ensemble sensation-perception. La possibilité d'une intelligence perceptive immédiate, dégagée à partir de la rencontre du sujet avec les formes du monde. Risquons une analogie, cette conception serait grossièrement équivalente à la méthode globale dans l'apprentissage de la lecture qu'on opposerait à l'enchaînement des stimuli de la méthode syllabique, enchaînement nécessitant un rassemblement central, un travail cérébral...

De la modalité «réaliste» de la perception, on peut encore se faire une idée en passant par l'imagination de son absence. Il nous faut simplement imaginer une absence de perception qui ne serait pas la conséquence d'une lésion sensorielle (coupure du nerf optique), mais la marque d'une disposition particulière d'un être que ladite perception ne concernerait pas. Une existence dans laquelle cette question serait dépourvue de sens.

Et bien, le lecteur qu'on entraîne à concevoir cette position tellement improbable peut constater que celle-ci a finalement quelque rapport avec la façon dont les autistes traversent le monde. Ils ne semblent pas affectés par la formation de perceptions. Les autistes, certains d'entre eux en tous cas, sont là pour démontrer que la perception est une disposition essentiellement indépendante de l'intégrité des appareils qui la rendent possible. Elle ne les regarde pas.

Si nous disons qu'il s'agit alors d'un défaut d'une forme de l'intuition, d'une absence *d'intuition formelle*, nous retrouvons la butée kantienne.

Cette butée, nous avons déjà proposé d'envisager son dépassement par la monstration, par le déploiement spectaculaire des *relations logiques et formelles*, dans l'espace et le temps, face à l'enfant saisi et limité par sa propre forme.

Ces *relations logiques et formelles* nous sont apparues à peu près identiques au concept de «*contenant formel*», qui nous semble relever du point de vue «réaliste».

Reprenons ces «contenants formels». Il peut s'agir d'approches aussi bien que de retraits, de silence et de bruits, d'exclamations, de modifications, de paroles entendues, de dialogues s'épanouissant jusqu'à leur tarissement soudain. À chaque instant, de telles formes sont, par l'entourage naturel, par la mère, proposées à l'enfant. La mère «forme». Les formes sont les arbres du sens. Elles se dressent et s'agitent au gré du sens. Leur nombre et leur densité s'opposent formellement à l'insensé. Elles en barrent l'accès. Mais j'ai déjà évoqué cette manifestation du «réalisme» maternel qui m'a incité à voir dans le dispositif du Pack la recherche intuitive d'une possibilité de communication immédiate.

C'est pour réserver une place certaine à cette façon de voir que j'ai, depuis le début de ma réflexion sur la pratique des packs, refusé l'idée unique d'un recours *nécessaire et suffisant* au schéma causal mettant en jeu des stimuli et des récepteurs.

J'ai souhaité qu'une part au moins des résultats obtenus puisse être envisagée comme les conséquences immédiates de la manifestation de la forme, de ses «accidents», déplacements, modifications, disparitions : tous «événements» logiques et formels arrangés *comme* le sens.

Selon cette perspective, l'efficacité du Pack peut alors s'imaginer comme l'effet d'une monstration immédiate ou d'une mise à disposition de contenants formels générateurs de sens.

Autrement dit, quand nous étions disposés aux alentours immédiats du Pack, nous n'étions que manifestations du sens, pourvoyeurs de contenants formels. On entourait le bambin spectateur, on tournait la tête, on tournait sa tête, on parlait, on montrait du doigt, quelqu'un se levait qui joignait à l'instant tel geste à telle de ses paroles, il allait chercher un pull-over, il revenait sans l'avoir trouvé. Il questionnait à ce sujet. Il se faisait une raison et reprenait sa place. On faisait chut!

Ainsi de suite, rien de tout cela ne relevait d'un hasard fou... Toutes ces manifestations, données en spectacle, étaient sensées. Et nous qui cherchions comment faire, nous faisions déjà, inconsciemment, de notre mieux. On exhibait notre *façon* d'être. Notre *raison* d'être.

Il est difficile d'accepter immédiatement une telle simplicité qui s'appliquerait a priori, sans aucun protocole. Ce déploiement d'une présence orientée, sensée, partagée par l'enfant, serait propre à réduire l'informe originel en offrant un nombre toujours croissant de «contenants formels» capables de générer un jeu logique mordant sur le chaos monotone du réel insignifiant.

Ainsi peut-on montrer le sens. L'erreur (l'éducation spécialisée) consiste souvent à vouloir le démontrer. À montrer le sens du sens. Mais le sens naît et se nourrit d'arbitraire, même si cet arbitraire possède une tradition, celle du bon sens par exemple. Toutefois, on peut montrer, représenter le sens. Théâtralement, on peut en faire la représentation. Peut-on mieux faire? Oui, nous pouvons réfléchir pour améliorer la qualité des représentations. C'est affaire de style.

*
* *

Il reste à interpréter une part du dispositif qui est l'enveloppement proprement dit.

Pourquoi, en effet, ne pas installer confortablement le «spectateur» sur un fauteuil avant de lui proposer quelque présentation ou représentation? Bien des enfants se déroberaient à une invitation aussi banale. Ils pourraient s'évanouir en eux-mêmes en recourant à toutes les formes d'évitement dont ils sont coutumiers. Une part d'intrusion est donc nécessaire. Un dérangement, identique à celui que nous avons décrit à propos du Holding. L'enveloppement humide et froid qui prend peu à peu la température du corps et sollicite l'ensemble sensoriel tactile du sujet ne peut indéfiniment le laisser indifférent à cette rupture du continu au sein duquel il se confondait. Et, bien sûr, il n'est pas superflu, quand le moment est venu d'assister à la monstration d'autres formes, de se trouver confronté à une première discontinuité, quelque chose de l'ordre de sa propre forme, ressentie, aperçue par le sujet, comme enlevée sur fond de confusion sensorielle.

Par cet «éveil» qui est préparation à recevoir de manière vive, étonnée, la diversité formelle du monde, il me semble (pour avoir moi-même éprouvé le dispositif) que le «paquet du corps» constitue alors une sorte de *gabarit*, un prototype du modèle «forme sur fond», la forme d'un point de vue qu'on peut promener sur le monde. Comme l'unité permettant l'étalonnage, l'appréciation comparative des avatars formels qui viennent à nous. Le fond du regard.

Ce vers quoi nous tendons, c'est à la réussite d'une rencontre entre une forme de soi éveillée, sinon aboutie, et la manifestation d'autres formes.

Cette «entrevue» évoque d'ailleurs certaine conception exprimée dans le «*De Anima*» d'Aristote à propos de la partie sensible de l'âme :

«... *qu'elle soit impassible, tout en étant susceptible de recevoir la forme, qu'elle soit, en puissance, telle que la forme, sans être pour autant cette forme elle même, et que l'intellect se comporte par rapport aux intelligibles de la même façon que la faculté sensitive face aux sensibles.*»

*
* *

J'aborderai bientôt dans un dernier chapitre les effets, les résultats obtenus par la pratique des packs. Mais je dirai tout de suite, pour briser un inutile suspens, qu'ils sont très encourageants, pour ne pas dire excellents. Je devance ainsi une éventuelle curiosité en espérant que, partiellement satisfaite, elle n'empêchera pas le lecteur de prêter son attention à une dernière remarque théorique.

Pour penser et travailler selon le point de vue «réaliste naturel» d'une immédiate perception-cognition, il ne me semble pas nécessaire de s'interdire la pensée de la mécanique sensorielle «causale».

Aujourd'hui, nous agissons et pensons notre pratique *comme si* cette mécanique donnait en quelque sorte *lieu d'être* au phénomène immédiat du «réalisme naturel». Mais ce dernier point de vue, auquel nous rattachons le concept de «contenant formel», apparaît plus remarquable dans la mesure où la transmission du sens peut s'y présenter comme le partage immédiat de ses formes.

Les modalités de ce partage sont libres. Elles sont à créer. Elles doivent être chaque fois comme une nouvelle forme d'interaction capable de contester ou défaire la réussite autistique. Rappelons ceci : que l'effort de création qui est ici absolument nécessaire est toutefois de même nature que les stratégies spontanément développées par les parents pour tenir leur enfant immédiatement éveillé au monde et à lui-même.

Ainsi donc, la double référence à l'idéalisme et au réalisme peut s'effectuer de façon consciente en même temps que fructueuse.

Pour autant, est-il possible de recourir à un nombre élevé de systèmes et de sous-systèmes dans le but de justifier plus confortablement encore sa pratique ?

Il me semble qu'on se dirigerait alors sûrement vers l'inconsistance. Et ce travers fréquent encombre les débats, sur l'autisme, entre autres.

À l'inverse, est-il aussi raisonnable qu'il y paraît de confier l'interprétation d'une pratique complexe à un seul système ?

On peut s'imaginer que cette façon de faire assure une certaine cohérence. L'utilisation de la psychanalyse de A jusqu'à Z, quelle que soit la nature des problèmes qui se posent, est un exemple courant de cette prudence assidue. Du même coup, les soucis épistémologiques se trouvent comme démodés par « l'évidence » des conceptions analytiques. Pendant combien de temps encore cette attitude sera-t-elle « moderne » ?

*
* *

En traitant précipitamment des troubles de la pensée, la psychiatrie, et dans une moindre mesure, la psychanalyse, suggèrent chacune que la pensée « normale » est un processus associatif bien connu ne posant aucun problème particulier. Mais, quand se présente, particulièrement à propos de l'autisme, le problème radical de l'existence ou de l'absence de la pensée, la question de sa genèse ou encore de sa nature, alors le « psy » reste court. C'est qu'il oublie trop souvent ceci : que c'est la pensée elle-même, toute ordinaire, qui pose problème. Les troubles de la pensée font oublier que la pensée peut être conçue comme l'expression d'un trouble. Comme le dit Marc Richir : « la pensée arrive quand quelque chose ne va pas de soi ». Quand la pensée n'arrive pas, c'est peut-être qu'il existe une continuité insensée, un petit bonheur constant dont il faudrait déranger les cérémonies.

Contester l'autisme nécessiterait qu'on accepte d'y créer un trouble, un trouble premier.

Chapitre 5
Description des résultats obtenus par la méthode des Packs

En décrivant assez complètement l'expérience menée avec Isabelle, je crois avoir laissé de côté toute exagération positive. Il s'agissait de la prise en charge d'un cas d'autisme particulièrement développé et fixé. Les modifications obtenues, incontestables, si elles ont changé la présentation et le comportement de cette enfant, ne représentent pas ce qu'il est convenu d'appeler une guérison.

Mais il ne faut pas tenir pour rien une amélioration. Tout d'abord parce qu'elle modifie de façon appréciable la vie courante, mais aussi parce qu'elle indique la voie d'une efficacité dans le traitement des enfants dont l'organisation autistique est moins «performante».

*
* *

Comment dire le changement d'un comportement? Après une année et demi et quelques soixante séances de packs, nous pouvons dire qu'Isabelle a cessé de perfectionner, de multiplier et d'enchaîner les formes de l'agitation autistique. Ce n'est pas spectaculaire un arrêt. Simple cessation qu'il ne faut pas oublier à la faveur du soulagement qu'elle procure.

Isabelle a rompu avec l'occupationnel autistique auquel elle était soumise.

Elle est assise, elle regarde. Ou bien elle observe précisément chacun, ou bien elle s'offre au regard, ouvertement pensive. Perplexe, un peu inquiète de l'intérêt qu'on lui témoigne, elle semble préoccupée, à la recherche d'une forme nouvelle. Et puis, d'un seul coup, elle peut basculer dans l'affection et réclamer le réconfort d'un contact physique sur un mode moins immédiat, non fusionnel. Elle ne craint plus les sollicitations, les questions qu'on lui adresse trouvent de brèves réponses : Oui! Non! Elle nous dévisage. Son regard qui fuyait est devenu insistant. Il arrive qu'elle secoue la tête. Des ébranlements brefs. Comme si elle procédait au maintien, à la vérification de ce phénomène qui a commencé de la saisir dans les packs : voir et percevoir. Ce percevoir-là, je voudrais l'écrire façon latine. Latin de cuisine, dit-on : per se voir. Voir au travers de soi, voir en passant par soi-même comme le fil par le chas de l'aiguille. En ébranlant régulièrement le dispositif physique du voir, elle semble vérifier que le regard est là, qu'il est d'elle, qu'il est «elle».

Isabelle veut jouer. Surtout à ces jeux sans nom, ces chahuts physiques qui font tellement rire les enfants. Elle ne craint pas de montrer son intérêt pour ce type de plaisir. L'intérêt est ici comme un maître mot.

À propos du Holding, j'avais déjà désigné le calme comme maître mot, concept simple, terme générique, condition de toute autre forme d'amélioration.

Être calme, manifester de l'intérêt. Ces attitudes font partie des comportements de la vie quotidienne et, du même coup, on hésite à les faire valoir comme des signes cliniques. Ils indiquent pourtant qu'une activité de penser a pris place, en gagnant du terrain sur l'agir immédiat.

Ensuite, on pourrait énumérer les signes plus anecdotiques de ces modifications essentielles. Dire qu'Isabelle dort enfin la nuit. Que plus jamais, elle ne retombe dans les activités stéréotypées (habillage et déshabillage des poupées) qui pouvaient l'absorber de longues heures si on ne la dérangeait pas. Elle ne veut plus rester seule dans sa chambre. Entre le téléviseur et la famille assemblée, elle installe des jeux de construction qui imposent qu'on s'intéresse à son existence. Elle ne crie plus, elle essaie de parler, elle parvient à articuler quelques mots nécessaires. Les manifestations de sensualité archaïque tellement gênantes, saliver, uriner sur les fauteuils, ont disparu pour laisser place à la quête d'autres formes de satisfaction moins immédiates, qui dépendent de «l'autre». Cet autre, il arrivait parfois qu'elle se lève brusquement pour aller en vérifier la consistance; elle pinçait les joues, les bras, les oreilles de Gabriel, jusqu'à le faire hurler convenablement. Alors, elle retournait s'asseoir, comme rassurée. Aujourd'hui, elle examine avec attention les allées et venues de chacun, elle semble apprécier leurs mouvements et leurs déplacements. Attachée au sens, il arrive qu'elle s'amuse d'une situation ridicule. Elle peut rire au spectacle de l'échec. Sa cruauté est devenue plus ordinaire. Elle devient enfant. Si elle reste sauvage, c'est comme une enfant.

L'intérêt qu'elle porte au monde est une brèche féconde en petits signes discrets. Poursuivre leur énumération n'apporterait rien d'essentiel. Mieux vaut s'attacher dès maintenant à l'évocation de certains résultats obtenus auprès d'autres enfants.

*
* *

Lorsque nous avons décidé d'entreprendre avec Daphnée une série de packs, cette petite fille de six ans, qui présentait un comportement autistique consécutif à des troubles neurologiques, avait déjà reçu dans sa famille de nombreux holdings. Les résultats nous avaient heureusement surpris et encouragés à poursuivre dans la voie d'une prise en charge «plutôt physique».

Dans le service, elle s'installait dès onze heures du matin sous le téléphone. Daphnée pleurait doucement en attendant la sonnerie qui annonçait l'arrivée de sa mère et le retour en famille. Restant à l'écart de toutes propositions visant à la distraire, pliée sur elle-même, elle acceptait le contact pourvu qu'il soit immédiat. Il fallait qu'elle colle sa bouche ouverte au vêtement de qui la sollicitait. Elle restait indifférente à une incontinence qui la rendait pourtant bien difficile à vivre. Le langage était absent et la nourriture, pour être acceptée, se devait d'être liquide ou finement broyée.

Le changement consécutif à l'instauration des packs fut rapide. Chaque jour, Daphnée réclamait sa demi-heure d'enveloppement. Elle frissonnait d'abord pendant une longue minute, puis commençait de se ressaisir, enfin, elle se détendait et s'installait. Elle urinait, riait, babillait et réclamait la présence de tel enfant qu'elle appelait par son nom pour l'inviter à «sa» séance. Pour être vue, pour le voir, le faire apparaître.

Maintenant, on ira droit aux résultats. La silhouette de Daphnée a changé, elle s'est réellement «dépliée». Le regard est le plus souvent à la recherche d'un autre regard. Cette modification de la statique est sensible jusque dans la position qu'elle adopte pour dormir. Les parents nous disent qu'elle s'est débarrassée d'un gros ours en peluche sur lequel elle dormait, recroquevillée. Aujourd'hui, elle dort «à plat», elle semble profiter de toute la surface du lit, l'ours a été congédié de manière spectaculaire, défenestré une fois pour toutes. Depuis deux ans, le lexique augmente peu à peu. À la place de la petite rengaine écholalique est apparu un vocabulaire. Aujourd'hui, Daphnée utilise des groupes de mots, sortes de pré-phrases nécessaires à la formulation de ses demandes les plus immédiates. Elle me regarde, prend ma main : «*Chercher maillot bain aller piscine*». L'expression n'est certes pas «correcte». Pas de «moi», pas de «je»... Autrement dit, pas de symbolique, du code, rien que du code. Mais cela lui suffit et moi je m'en accommode. Ce qui m'importe, c'est la forme. Avec un certain appétit, elle prend la forme. Plutôt que de se rouler en boule les mains plaquées aux oreilles, Daphnée fait le détour par la forme signifiante. Elle demande et obtient : «Piscine et maillot de bain».

Ce détour qu'elle fait par l'«autre», elle le fait également pour l'«autre». Ceci est apparu clairement lorsqu'elle a abandonné l'alimentation liquide pour accepter la forme solide. Selon l'éducatrice la plus proche de Daphnée, ce passage s'est effectué sur un mode très volontaire de la part de l'enfant qui semblait s'efforcer de procurer une satisfaction «éducative» qu'on n'attendait plus.

Elle avait décidé d'user de ses dents pour briser et broyer les biscuits secs qu'elle mangeait enfin. C'était sans grand plaisir. Un pur labeur destiné à faire croître autour d'elle la rumeur, le bruit des murmures admiratifs. Aujourd'hui, elle accorde plus d'importance au goût des aliments et un peu moins à leur consistance.

Pour obtenir ce qu'elle souhaite, elle s'essaie aux ruses du langage et répond à nos attentes selon des modalités proches de la confrontation éducative ordinaire. Elle peut attendre, patienter avant d'obtenir satisfaction.

Enfin, son incontinence a cessé.

*
* *

Avant de commenter l'ensemble des résultats obtenus, je donnerai encore deux exemples précis. Le premier concerne un garçon de neuf ans porteur d'une anomalie génétique et le second, une petite fille du même âge, présentant des troubles autistiques plus discrets, réalisant ce qu'on a coutume d'appeler une psychose infantile.

Le garçon, Laurent, est très agité, il doit absolument bouger pour être. Au besoin, il se mord, se blesse, pourvu qu'il reçoive « par retour » des nouvelles de sa forme et de sa consistance physique.

Il recherche le contact qu'il brise immédiatement. Cette ambivalence fondamentale l'oblige à effectuer des allées et venues tout à fait typiques de ce que les psychologues éthologistes appelleraient un *conflit motivationnel*. Au lieu d'expertiser ce conflit ou de le couvrir d'interprétations, nous avons procédé à de fréquentes séances de packs.

Dès le moment du premier enveloppement, après un court instant d'inquiétude, détendu et souriant, Laurent a fait savoir que le dispositif lui convenait et qu'il ne souhaitait pas s'en défaire. Les séances suivantes ont duré longtemps. Il fallait attendre qu'il soit prêt au dénouement. Qu'il puisse traverser l'instant où son corps développé retrouvait une liberté voisine de l'inconsistance.

Aujourd'hui, Laurent n'est plus traversé par le flux des informations issues de l'environnement immédiat. Il ne capte plus les stimulations de manière passive et obligée. Quelque chose s'est formé, une instance médiate, qui effectue un tri. Auparavant, il était régulièrement victime de fortes crises d'angoisse. Il pâlissait avant de subir un bref évanouissement dès que la situation s'avérait trop riche en émotion. Ces accidents sont devenus exceptionnels. Il s'en protège en réclamant d'être fermement embrassé dès qu'il pressent le retour d'un malaise.

En cours de traitement, nous avons dû modifier le déroulement classique des séances. En effet, après quinze minutes, Laurent s'agitait et manifestait une sorte d'impatience. Il semblait qu'avec le réchauffement du Pack, une certaine saisie sensorielle du corps disparaissait et que l'enfant s'inquiétait de la dispersion des repères formels que l'enveloppement froid lui avait d'abord procurés. Il tentait de s'asseoir pour vérifier la présence de ses jambes... Pour lui, le cycle était trop court, les données initiales s'abîmaient trop vite dans la tiédeur. Comme si, après l'avoir si bien saisi, on le laissait bientôt se dissiper dans la plus grande incertitude coenesthésique. Pour que le Pack soit de nouveau habitable, il fallait donc le rafraîchir en appliquant un nouveau drap humide et frais. Il arrivait qu'on restaure ainsi l'enveloppement à deux ou trois reprises. Et chaque fois, l'enfant semblait retrouver sa place. Il nous regardait en souriant, respirait amplement et signalait par quelques compliments son accord avec notre initiative.

Aujourd'hui, une séance par semaine suffit à maintenir une amélioration du comportement. La persistance des représentations formelles liées au corps et à sa permanence a peut-être permis au langage de se développer en lieu et place d'une agitation devenue superflue.

*
* *

Ces améliorations ont toujours été confirmées par les parents, sensibles à la modification du contact immédiat avec l'enfant et, secondairement, aux remaniements de la vie familiale.

Ainsi, la mère de Marlène apercevait-elle aussitôt les signes indiquant que sa fille avait, dans la journée, «reçu» un Pack. Le maintien et le regard de l'enfant étaient différents. Elle paraissait plus confiante, elle parlait autrement.

Car elle parlait, en effet, couramment, sans jamais se laisser affecter ou dérouter par le sens. Elle parlait légèrement. Avec légèreté, elle disait la liste des enfants invités à son anniversaire. C'était hier. La liste n'en finissait plus. Elle se devait d'y ajouter le nom de celui ou de celle qui entrait à l'instant. Elle se retournait pour ajouter encore le nom de ceux-là, tombés sous son regard. Elle revenait vers moi : «Et puis toi aussi!», ajoutait-elle. On y était tous!

Son sourire n'en finissait jamais. Et le regard infiniment bleu semblait tout accueillir. Mais un trait pouvait fixer, stopper la déambulation verbale. Ce trait qui l'arrêtait comme un gibier tombé, c'était l'hypocondrie. Elle désignait. Les pieds. Le bas du ventre. Il fallait soigner. Le docteur ne trouvait jamais rien et pourtant *il y avait* rien. Dans ces circonstances, les packs tombaient bien. Elle s'y serrait, semblait s'y confiner, s'y représenter avec une joie sérieuse.

C'est à partir de Marlène que les packs se sont généralisés. Elle en assurait la publicité. Elle réclamait du public, Arnaud d'abord. Les autres ensuite. Arnaud et Cécile. Cécile sans Arnaud. Et qu'elle lui touche les pieds. Que Cécile touche son ventre maintenant. Les épaules aussi. Enfin, elle souhaitait rester seule avec son éducatrice. Alors, elle parlait, livrant de petites bribes de ses préoccupations familiales, parlant d'elle et des maux qui inquiétaient parfois son corps. C'est cette parole prudente et conséquente qui a pris le pas sur la façon insignifiante de dire les choses comme elles venaient, comme en rêve.

Chapitre 6
Les Packs secs...

De cinq enfants traités par la méthode des packs, nous sommes passés en quelques semaines à dix puis quinze. Tous demandaient à éprouver ce moment curieux où l'existence se présentait autrement. Après un premier Pack, ils faisaient savoir leur attente du prochain. Mais pour répondre à une telle demande, nous n'étions pas en nombre suffisant et chacun devait se contenter d'une séance hebdomadaire.

C'est alors qu'autre chose est arrivé qui nous a surpris.

Certains enfants se sont organisés pour pratiquer eux-mêmes des sortes de packs. Ils ont d'abord utilisé un grand châle qui traînait par là, et puis, pour faciliter leur jeu, on a donné un drap, sec bien sûr, avec lequel ils ont reproduit l'essentiel du dispositif qu'on leur offrait trop rarement. On ne m'a pas immédiatement parlé de cette nouvelle « pratique ». Après quelques semaines de clandestinité, j'ai vu venir mon stagiaire qui m'a exposé les faits. Il avait l'air embarrassé. Il trouvait discutable, peut-être irrévérencieux, de laisser les enfants jouer à « ça ». Comme j'avais l'air de dire que non et que je me montrais de l'intérêt, il me fit part d'une autre sorte de réticence. Il s'inquiétait de savoir si les agissements des enfants ne se situaient pas tout simplement dans le registre de la perversion. Ils s'enveloppaient, se tenaient, se serraient fort, et on pouvait avoir l'impression d'assister à une répartition sado-masochiste des rôles.

Longeant les couloirs, j'allai avec lui jusqu'à la salle où se tenait l'une de ces séances. Il voulait que je voie ça de plus près et c'était le moment.

Un jeune garçon était confortablement allongé sur un tapis. À ses côtés, trois enfants agenouillés le regardaient avec attention. Ils répétaient les gestes qu'ils avaient observés. Et l'on pouvait, en effet, constater une insistance particulière à border, à resserrer le mieux possible l'enveloppement. Notre présence ne semblait pas compter. Ils étaient avant tout intéressés par l'observation de l'un des leurs, enveloppé, sujet d'un consensus formel fascinant. On pouvait aussi prendre ça comme un jeu, jouer à, jouer au Pack. Et dans ce jeu, il était possible d'isoler certaines catégories freudiennes. Le sado-masochisme aperçu par le stagiaire, c'était donc ça...

J'ai pensé immédiatement à la critique winnicottienne de l'interprétation kleinienne du jeu. Il fallait, disait-il, ne jamais oublier que si le jeu pouvait avoir une signification, il avait d'abord et avant tout une valeur. Cette valeur était beaucoup plus importante que le sens couvert par le jeu. Le jeu était en effet placé sous le signe du «faire semblant», autrement dit, de l'utilisation des formes pour le plaisir de les utiliser, pour le plaisir de jouer *à faire du sens*. Dans ces conditions, on comprendra facilement que l'aspect sado-masochiste des enveloppements créés par les enfants me soit demeuré tout à fait indifférent. J'ai expliqué ça sans mal au stagiaire. Il s'est alors proposé comme responsable d'une sorte de projection inconsciente de ses désirs sur le dispositif incriminé. C'était généreux. Je lui ai dit que ça n'était pas sûr et que si c'était le cas, alors, ce n'était pas grave.

On a continué d'assister à cette séance enfantine. Tout ce qu'on pouvait y voir était assez cohérent, bien mené, avec calme et attention. Un garçon qui nous observait à la dérobée a fini par compléter l'installation en disposant sur le visage de la «patiente» une petite corbeille de plastic, sorte de clayette permettant au regard de filtrer, non sans mal toutefois. Ainsi imitait-il certaines manœuvres qui avaient lieu avec quelques enfants dont nous souhaitions aviver, solliciter le regard, le faire «être».

Il est vrai que l'accord tacite entre les deux parties semblait étrange. Enveloppés et enveloppeurs s'entendaient bien. Pas besoin d'une règle du jeu. Ils savaient. C'était comme un aveu. Être enveloppé, se trouver limité selon une forme, cette situation semblait posséder l'attrait d'un traumatisme. Un traumatisme sans danger qui permettait d'éprouver l'existence depuis un point de vue particulier et d'en apercevoir des formes successives, d'en faire l'expérience.

Je trouvais finalement très touchant de voir ces enfants se procurer, par l'intermédiaire d'une installation apparemment ludique, des aperçus et des lumières sur le monde. Ils semblaient rechercher de ces expériences simples qui ont lieu très tôt et produisent la constitution d'une orientation première, propice à l'élaboration du sens. Ces expériences sont de l'ordre de l'événement formel.

C'est le rebord du berceau qui coupe le paysage de la chambre, le biberon qui vient si près que tout disparaît dans sa buée, la lumière qui s'éteint et qui revient plus tard, doucement, par dessous la porte. Tous ces changements simples doivent trouver un temps pour être remarqués, gardés comme la forme du sens. Le sens du sens, à prendre comme tel et sans démonstration.

Finalement, les packs secs se sont installés comme une pratique parallèle. Inaugurés par les enfants, ils ont bientôt été proposés par les éducatrices aux impatients qui réclamaient avec insistance des séances quotidiennes. Nous avions une liste d'attente impressionnante et le personnel aurait pu se trouver entièrement occupé par la réalisation de ces enveloppements. Les packs secs ne pouvaient remplacer la pratique classique. Les enfants n'étaient pas dupes qui réclamaient d'obtenir des *vrais* packs. Mais ça permettait d'attendre, de se rappeler, de retrouver les contours d'une expérience qui apportait à la plupart un réconfort profond.

Cette forme simple et sèche est à rapprocher de la «machine à serrer» fabriquée pour son propre usage par Temple Grandin. Dans un livre (*Ma vie d'autiste*), cette jeune fille, qui présentait des troubles autistiques, raconte comment elle en est arrivée à la construction d'une sorte d'enceinte aux parois souples dans laquelle elle se réfugiait pour traiter son angoisse. Une fois installée, elle pouvait, par un dispositif hydraulique simple, faire varier légèrement la pression qui s'exerçait sur son corps. Elle précise que ces variations étaient indispensables pour éviter que le corps n'en vienne à oublier l'actualité de sa situation sensorielle et que, du même coup, l'angoisse ne s'en trouve insuffisamment traitée. Temple Grandin a imaginé ce montage à partir de l'observation fortuite d'un comportement animal. Dans le ranch familial, elle avait été frappée par la panique des animaux qu'on rassemblait avant de les marquer ou de leur donner quelque soin. Cette panique semblait céder totalement dès lors que l'animal se trouvait immobilisé par le mécanisme d'une trappe à bétail dont l'efficacité rendait toute lutte inutile. Alors, Temple Grandin « lisait dans les yeux » de l'animal une calme résignation, un apaisement qu'elle essaiera donc de retrouver en empruntant une voie comparable.

L'originalité de cette démarche mérite évidemment d'être considérée. Les spéculations très diverses qui accompagnent la description de cette pratique ne sont pas de nature à influencer de façon décisive notre cheminement théorique. Mais, pour nous, il est très important de constater qu'une personne souffrant de troubles autistiques s'est spontanément tournée vers un dispositif proche des holdings et des packs.

*
* *

Nous continuons aujourd'hui à mettre en pratique ces deux techniques de soin en réservant toutefois le Holding aux enfants dont les parents comprennent d'emblée l'essentiel du principe justifiant à nos yeux son emploi. Quant aux packs, ils continuent, après trois ans de pratique régulière, à apporter des modifications heureuses dans la plupart des cas. J'ai donné plus haut l'exemple d'améliorations obtenues auprès d'enfants dont le comportement autistique était très marqué.

Il convient maintenant de dire quelque chose des effets de cette pratique sur l'ambiance générale d'un service qui reçoit trente enfants présentant des troubles autistiques de gravité variable, souvent combinés à des troubles neurologiques ou hérités d'un patrimoine génétique inhabituel.

L'institution n'est ni une classe ni un cabinet de consultation, il s'agit d'y vivre quotidiennement au contact de systèmes psychiques très éloignés du comportement intellectuel des névrosés ordinaires que nous sommes. Et cette rencontre prend évidemment des allures de confrontation si l'impatience ou la mauvaise conscience nous incitent à imposer aux enfants une sorte d'agitation éducative.

Que faire d'autre ? Il faut tout d'abord se résoudre à traverser avec eux une certaine vacance de la pensée et de l'action, une absence de désir manifeste qui congédie toute forme de bonne volonté, éventuellement en l'épuisant.

On doit donc se « garder », tout en observant et en appréciant les formes de la vie que nous présentent ces enfants. Elles ont leur économie, leur sens, et leur apparente simplicité ne doit pas nous dérouter. Il ne faut pas que l'agitation nous agite. La passivité et l'immobilisme ne doivent pas nous exciter à multiplier propositions et stimulations. Chaque jour, il y a un temps pour ne rien faire. Ne rien faire d'autre que penser. Penser la situation telle qu'elle est. Un paradoxe. Soigner, éduquer (et pourquoi pas guérir...) des patients qui ne demandent rien. Rien d'autre en tout cas qu'une absolue, une totale satisfaction.

Concernant les enfants autistes, on a déjà dit que, de cette totalité, ils trouvent parfois l'accès en eux-mêmes. Mais d'autres se tournent vers nous pour que le monde soit modifié à chaque seconde selon une exigence intraitable. Enfin, certains, qui ont renoncé à subir une quelconque tension, renoncé à leur enfance même, nous inquiètent par l'affichage d'une résignation insupportable.

Si nous devons présenter à ces enfants un versant passif, accueillir leurs écarts sans nous précipiter dans des comportements soignants illusoires, on doit pourtant agir en intervenant sur ces organisations qui creusent perpétuellement l'écart entre eux et nous.

Chaque fois que nous avons eu recours aux packs, ils ont apportés des modifications sensibles. Qu'il s'agisse de traiter quant au fond l'organisation élémentaire de l'autisme ou qu'il s'agisse d'empêcher ponctuellement le développement d'un état d'agitation anxieuse. Mais, au-delà de ces améliorations, c'est la tonalité générale de la vie institutionnelle qui s'est trouvée changée. Nous disposons en effet d'un moyen pour introduire une certaine intelligence dans des situations d'affrontement ou de perplexité qui peuvent transformer une journée de travail en «traversée» aussi laborieuse que décourageante. Le Pack est une entrevue qui offre à la violence de l'incompréhension l'occasion de se dissiper dans l'étonnement, dans l'observation et la pensée.

Au-delà (ou en deçà) de la mythique «reconstitution du schéma corporel», nous avons perçu ces enveloppements comme le dispositif d'une rencontre formelle. Où les formes du monde seraient présentées au sujet selon une dialectique dont l'élan initial est à prendre dans le va-et-vient entre la sensation de sa forme et les manifestations sensorielles *d'autres formes*. Entre ce qui vient de soi et «ce qui ne va pas de soi». Ce jeu élémentaire, par lequel la vie humaine s'inaugure et se reconnaît, on tente ainsi d'en restaurer l'espace contre les formes de sa désorganisation.

Conclusion

CONTENANCE, CONTENTION, NÉGATION

Il existe sûrement un lien entre les holdings et les packs. Ce lien de cohérence, inévitable, s'est formé sans préméditation. Il est la manifestation d'une conviction beaucoup moins consciente que les idées explicitement développées dans cet écrit. C'est pourquoi on peut espérer que sa mise au jour et son commentaire donneront à notre conclusion la forme d'un excès appréciable.

Avant tout, je procéderai à un rappel des plus brefs.

La théorie du Holding mettait en jeu le corps comme lieu d'inscription, mémoire des représentations, et constitution de la pensée.

À l'exposition de ce modèle ont succédé différentes interprétations de la pratique des packs. Il y fut question de l'expérience du temps et de l'espace, du mouvement mis en scène pour un spectateur captif, de la forme, des formes proposées, imposées à la perception comme autant d'occasions pour le sujet de se trouver emporté par le courant du sens déjà là — de s'y inscrire en y participant. Cette modalité — *l'attraction formelle* — proposée par le dispositif du Pack nous a éloignés d'une hypothèse plus classique, proche d'une restauration du schéma corporel consécutive à la stimulation sensorielle.

Entre les idées et les systèmes successivement évoqués, il était moins urgent de trancher que de garder le fil de la recherche qui les recrutait tour à tour. La diversité des matériaux issus de la succession des actions et des réactions, qui font notre pratique, s'est ainsi trouvée prise en charge. Nous l'avons traitée diversement.

Toutefois, sur le point de conclure, il m'est apparu qu'un élément commun au Pack et au Holding n'avait pas cessé d'*exister* dans la marge de nos représentations théoriques. C'était la contention.

Cette caractéristique, je ne l'ai jamais refusée, j'en ai même explicitement fait état à plusieurs reprises, en parlant, par exemple, de «spectateur captif», et de l'importance de cette situation dans la construction des perceptions. Dans le chapitre consacré au Holding, la contention a été présentée comme le moyen permettant l'effraction du court-circuit autistique, et la possibilité d'inscrire les objets de sa diversion.

Mais si la contention apparaît comme un moyen, elle ne doit pas être ramenée au niveau d'un pur et simple expédient. Sans être une fin en soi, la contention est plus qu'un moyen. Je dirai immédiatement où je veux en venir. Je crois qu'elle est le support nécessaire de la négation.

Quelque chose d'approchant est dit autrement par Lacan dans le «stade du miroir», lorsqu'il évoque l'incapacité motrice et l'absence de maîtrise, qui caractérisent la situation du jeune enfant, limité par l'immaturité neurologique spécifique du petit humain. Il aperçoit dans le miroir la promesse, les contours d'une totalité qui deviendra sienne, dont il ne peut pour l'instant disposer. Dans ce cas, la contention n'est pas exercée par quelque autre. Elle est beaucoup plus radicalement garantie par la réalité physiologique. Lacan fait de ce hiatus, entre la Gestalt à laquelle l'enfant s'identifie et l'impuissance motrice qui lui en interdit la jouissance, un temps décisif, propre à amorcer le jeu des identifications aliénantes qui se succéderont à partir de cet instant inaugural.

Ce que je retiens de ce fameux «stade», c'est la négativité qui s'y rencontre. Et que cette négativité est liée à une limitation des capacités motrices. L'enfant du miroir ne s'en trouve pas mal. Il réfléchit sa condition, il va même jusqu'à manifester les signes de ce que Lacan nomme une «*assomption jubilatoire*». Cet enfant est déjà bien élevé. Il sait déjà quelque chose de la négation. Il sait qu'elle ne peut l'anéantir. Il s'y repère.

C'est exactement ce qui n'arrivera jamais à l'enfant engagé dans l'autisme. Préoccupé par l'évitement de toute rupture et la perpétuation du continu, il veille sur son néant, constitué d'affirmation sur fond d'affirmation. Il est absorbé par une errance sensorielle et motrice qui n'est pas insensée, elle n'est que sens, un sens unique, un plein de sens : celui d'une similarité conservée.

C'est dans ces conditions que nous tentons de produire pour lui le surgissement d'une forme sur un fond, un objet — quelque chose d'équivalent à ce dont parle Meltzer à propos de la naissance — le «*choc esthétique*».

Mais quelles seraient les caractéristiques d'un objet, capable, avec succès, d'être proposé-imposé-refusé-nié par l'enfant autiste? Il me semble que l'efficacité d'un tel objet est dans son avènement. L'objet est son irruption. La rupture qu'il produit est une contrariété, une contradiction au regard d'un continu qui se portait fort bien sans lui. Alors, cet objet est «devant être nié». Que quelque chose soit qui ne va pas de soi. Voilà qui peut occasionner la négation.

À ce propos, nous citerons A. Culiolli qui, dans «*Pour une linguistique de l'énonciation*», développe un point de vue sensiblement identique à propos de la négation primitive chez l'enfant : «*Ce qui est donné à l'appréhension et au regard immédiat présent et inaltéré, n'a pas à être privilégié, à la différence de ce qui est altéré, intermittent, disparu ou perçu comme néfaste.*» C'est donc à l'altération du présent donné que la négation peut s'appliquer.

L'objet est rupture. Il contredit à un état de choses qui convenait. Quelque chose ne va pas qui est. L'enfant, autiste ou non, doit en faire l'expérience.

Je propose une analogie qui permettrait de concevoir cette expérience de la contradiction.

Ce serait comme vivre selon un bruit, n'être que ce bruit, le même exactement que celui du monde alentour. Pas moyen, dans ces conditions, d'être dérangé par aucun tremblement de conscience. Mais voici que le bruit n'est plus. Il était et il n'est plus. J'emploie successivement le passé et le présent, mais supposons, avec quelque raison, que le sujet ne dispose pas de cette «ruse». Cela donne : il est et il n'est pas.

Une contradiction est là. Sur laquelle nous comptons pour que se forme chez l'enfant un départage entre deux formes. Dans notre exemple : le bruit et le silence.

L'assimilation de cette rupture correspond à la défaite de la contradiction qui la forme. C'est-à-dire : ou bien le bruit est, ou bien le silence est.

Il s'agit d'un premier pliage entre une forme qui «va de soi», le bruit, et une autre qui «ne va pas de soi», le non-bruit.

Pour que se forme et se maintienne ce premier pli de Soi sur Soi, d'un Soi avec ou pour le bruit sur un Soi pour le silence, il est nécessaire que la forme absente soit désignée, signifiée par la forme à l'instant présente.

Le silence doit être l'indication négative du bruit. Il *n'est pas* le bruit. Un battement alors s'installe entre deux façons de l'être dont l'alternance est sensible. L'une serait quand l'autre Ne serait Pas.

Ainsi, à chaque instant, la forme qui disparaît se trouve «gardée» négativement. La négation la laisse exister comme elle permet au sujet de se compter, de se saisir lui-même, non pas «à la manière de l'objet négativement désigné», comme s'il suivait son exemple, mais, plus radicalement, en s'installant dans la perte et la séparation d'avec tout objet, *comme en un Soi constitué par le mouvement d'aller d'une perte à l'autre. Le mouvement d'indiquer négativement*, à chaque instant, l'objet qui se dérobe à la saisie affirmative immédiate. L'objet qui ne peut s'indiquer que par défaut, comme n'étant pas tel autre.

Cette installation, cet éveil du Soi à la perception dans et par la négativité, on constate, hélas, qu'elle ne vaut pas pour l'autiste, lequel pourrait même se trouver défini par la situation exactement contraire.

Tandis que je trouve ma permanence de sujet dans la négativité, qui est mon lien au monde, qui est ma continuité, l'autiste produit sa continuité par la manipulation immédiate des objets du monde.

Quand je suis essentiellement médiation, il est immédiat. Il obture immédiatement le hiatus qui pourrait le séparer du monde et engendrer la représentation de ce qui n'est pas.

C'est dire qu'il n'est pas suffisant de provoquer par la rupture le surgissement de deux formes pour que l'enfant autiste s'en saisisse et s'y retrouve. La réussite de la rupture suppose en fait que l'aptitude négative soit déjà là, prête à œuvrer.

INSCRIPTION DE LA NÉGATIVITÉ, HOLDINGS ET PACKS

Or, il n'en est rien. Mais, puisqu'il apparaît à la suite d'une série d'embrassements (holdings), ou d'enveloppements (packs), que les enfants autistes et psychotiques modifient pourtant leur comportement et qu'ils deviennent « inquiets » du monde et d'eux-mêmes, on peut penser que ces interventions ont donné forme à une disposition nouvelle, une perception du monde et de soi, négativement obtenue.

Pour soutenir cette hypothèse, il faut en revenir à la contention, à sa forme, en laissant de côté ses effets pour la considérer en elle-même. En elle-même, elle est contradiction. Essentiellement ambiguë, la contention a la forme d'un projet, celui de l'anéantissement imminent de son objet. Mais cette forme de projet tourne court et, au contraire, préserve l'objet menacé. Le sujet soumis à cette opération contradictoire fait l'expérience d'une sécurité absolument paradoxale. Le néant, suspendu, est sans cesse différé.

Quelque chose, une forme de néant, garantit dans un même temps un état de choses stable et certain. Cette forme de néant possède donc la caractéristique paradoxale de nier le néant. De cette configuration manifestement contradictoire, quelque chose peut s'instituer qui forme du même coup le sujet et sa place. Un point de permanence depuis lequel peut s'exercer la saisie négative. Saisie négative inaugurée, radicalement, physiquement éprouvée, dans la tenaille formelle des termes contradictoires de la contention.

Reprenant l'exemple du battement sonore, nous pourrons dire que, dès lors, le sujet pourra identifier le bruit comme n'étant pas le silence, et le silence comme n'étant pas le bruit. Négativement saisies, ces «choses-là» pourront former une permanence bientôt équivalente à celle du sujet, qui sera fondé, *d'être le mouvement incessant de leur désignation négative.*

*
 * *

Holdings et packs représentent deux modalités de contention bienveillante, deux expressions d'une contradiction formelle dont les termes coexistent et perdurent en une opposition qui «contient» la négativité : «*Ce qui m'anéantit ne m'anéantit pas.*»

Appliquée au corps, la forme de la contradiction, «patron formel» laissant le pointillé définitif d'une disposition négative, ne permettrait plus à l'affirmation de dire *ce qui est autrement qu'à partir de ce qui n'est pas.*

Cette rupture d'avec la «folie d'affirmation pure» coïnciderait avec la mise en circulation de l'indice négatif, animant la course inquiète d'une conscience saisissant son objet négativement. À défaut de tout autre. En désespérant de le saisir *vraiment.*

WINNICOTT ET LA NÉGATION

Winnicott a formulé des énoncés qui ne sont pas étrangers à cette conception. L'espace transitionnel en est un exemple, qui ne doit être *ni intérieur ni extérieur.* Qu'est-il donc ? Il est ce qui résulte d'une appréhension décidément négative de l'espace. Ni ici, ni là, c'est l'espace (tout entier transitionnel) qui est ainsi négativement «trouvé» par le sujet. Quant à «l'objet transitionnel» et à «la capacité d'être seul», ils sont également issus d'assertions paradoxales. La qualité contradictoire qu'on pourrait croire atténuée par l'emploi du terme «paradoxal» est restaurée par la précision que Winnicott apporte à ce sujet : «*Je demande qu'un paradoxe soit accepté, toléré, et qu'on admette qu'il ne soit pas résolu. On peut résoudre le paradoxe si l'on fuit dans un fonctionnement intellectuel qui clive les choses, mais le prix à payer est alors la perte de la valeur du paradoxe.*»

Une contradiction (je suis à Londres **et** je ne suis pas à Londres) retient dans l'intervalle de ses deux termes, affrontés et incompatibles, la négation comme une nécessité.

L'existence effective de l'un des deux termes, la solution de la contradiction (par exemple : je suis à Londres) implique la négation de l'autre terme. Mais, dans une contradiction qu'on garde irrésolue, ce qui reste, tenu en réserve, c'est, essentiellement, une négation. Une négation *potentielle*, qui représente pour nous la valeur du paradoxe.

Cette structure contradictoire, nous l'avons indiqué, est une caractéristique commune aux dispositifs du Holding et du Pack. Mais on peut en retrouver la trace dans toute mesure éducative, qui procure un sentiment de sécurité, en même temps qu'une certaine contrariété immédiate. Tenir un enfant par la main. Le prendre dans les bras pour jouer, pour consoler ses pleurs ou pour contenir sa colère, toutes les variantes du «handling» ou du Holding winnicottien présentent cette ambiguïté. Sans une part de contention, toutes ces bonnes intentions seraient sans effets. Une part de contradiction semble donc nécessaire au progrès de la constitution du sujet.

*
* *

Nous résumerons notre dernier propos dans la formulation de son hypothèse.

La contention (telle que nous en avons caractérisé les formes), ayant la structure de la contradiction, contient la négation. Cette négation, *potentielle*, est une forme première. C'est la génératrice formelle d'une aptitude négative, qui s'oppose à l'*immédiate* saisie affirmative de l'autisme. Aptitude à parcourir l'existence en passant d'une forme à une autre par l'effet d'une négativité réglée, couvrant chaque fois de son ombre l'ensemble des objets — moins un — lequel est alors perçu, désigné, affirmé de façon *médiate*. Comme aucun autre.

Pour espérer la restauration de la pensée, qu'on l'imagine comme l'exploitation du réseau mnésique ou comme l'identification du sujet au détour d'un jeu de formes, *l'immédiateté*, en tous cas, doit être brisée par la négation. C'est la condition pour que la constitution d'un ensemble permanent ne soit pas, *immédiatement*, empêchée par l'actualité sensationnelle du sensoriel.

Bibliographie

Ajuriaguerra, J. de, *Manuel de psychiatrie de l'enfant*, Paris, Masson, 1980.
Anzieu, D., *Le Moi-peau*, Paris, Dunod, 1985.
Aristote, *De l'âme*, Paris, Vrin, 1992.
Bettelheim, B., *La forteresse vide*, Paris, Gallimard, 1969.
Bion, W., *Réflexion faite*, Paris, PUF, 1992.
Bowlby, J., *Attachement et perte*, I : «*L'attachement*», II : «*Séparation, angoisse et colère*», Paris, PUF, 1978.
Bouveresse, J., *Leçon inaugurale faite le vendredi 6 octobre 1995*, Chaire de philosophie du langage et de la connaissance, Collège de France, 1995.
Bouveresse, J., *Langage, Perception et Réalité*, Tome I, Ed. Jacqueline Chambon, 1997.
Courschenne, *Communication Congrès Inserm* 1995, Université San Diego.
Culioli, A., *Pour une linguistique de l'énonciation, Opérations et représentations*, Tome I, Paris, Ophrys, 1995.
Freud, S., «Esquisse pour une psychologie scientifique», in *Naissance de la psychanalyse*, Paris, PUF, 1956.
Garelli, J., *Artaud et la question du lieu*, Paris, Corti, 1982.
Gillis, A., «Le Holding thérapeutique pour l'enfant autiste», *VST*, n° 20, 1991.
Gillis, A., «Entre eux deux : le Holding», in *Thérapie psychomotrice et recherches*, 1995.
Gillis, A., «Le Holding thérapeutique pour l'enfant autiste, son interprétation dans les termes de l'"Esquisse"», in *Psychiatries*, n° 96, mars-avril 1992.
Grandin, T., *Ma vie d'autiste*, Paris, O. Jacob, 1994.
Harlow, H.F., *Behavior of non-human primates*, Academic Press, New York, 1965.
Harlow, H.F., «Love created, love destroyed, love regained», in *Modèles animaux du comportement humain*, CNRS Edit., n° 198, Paris, 1972.
Hegel, C.W.F., *Phénoménologie de l'esprit*, Paris, Aubier, 1995.
Heidegger, M., *Interprétation phénoménologique de la Critique de la raison pure*, Paris, Gallimard, 1994.
Helmholtz, cité par Bouveresse J., *Langage, Perception et Réalité*, Tome I, Ed. Rayon Philo, 1997.

Kant, E., *Critique de la raison pure*, Paris, Aubier, 1977.

Lacan, J., «D'une question préliminaire à tout traitement possible de la psychose», in *Écrits*, Paris, Seuil, 1966.

Lacan, J., *Le Séminaire, livre III, Les psychoses*, Paris, Seuil, 1981.

Malher, M., *Psychose infantile*, Paris, Payot, 1973.

Meltzer, D. et coll., *Explorations dans le monde de l'autisme*, Paris, Payot, 1980.

Meltzer, D., «L'objet esthétique», in *Revue Française de Psychanalyse, Une crise de la métapsychologie*, Paris, PUF, 1985.

Merleau-Ponty, M., *Phénoménologie de la perception*, Paris, Gallimard, 1945.

Nathan, T., *L'influence qui guérit*, Paris, O. Jacob, 1994.

Platon, *Le banquet*, Paris, Garnier-Flammarion, 1983.

Richir, M., *Le corps*, Paris, Hatier, 1994.

Tustin, F., *Les états autistiques chez l'enfant*, Paris, Seuil, 1986.

Tustin, F., *Le trou noir de la psyché*, Paris, Seuil, 1989.

Tustin, F., *Autisme et protection*, Paris, Seuil, 1992.

Wallon, H., *De l'acte à la pensée*, Paris, Armand Collin, 1975.

Winnicott, *Jeu et réalité*, Paris, Gallimard, 1971.

Wittgenstein, L., *Investigations philosophiques*, Paris, Gallimard, 1961.

Bibliographie sur le Holding

Allan, J., *Handicap e Holding*, Del Cerro, Pisa, 1984.

Compernolle, F.F., L'autisme infantile et la famille. La méthode de Michelle Zapella comme approche écopsychosomatique, in *Thérapie familiale*, Genève, 1989, vol. 10, n° 1.

Prekop, I., *Hättest du mich festgehalten..., Grundlagen und Anwendung der Festhalte-Therapie*, Kösel, München, 1989.

Tinbergen, N., Tinbergen, E., *Autismus bei Kindern : Fortschritte im Verständnis und neue Heilbehandlungen lassen hoffen*, Berlin, Paul Parey, 1984.

Waal, N.A., «A special technique of psychotherapy with an autistic child», in G. Caplan, *Emotional problems in early childhood*, Basic Books, New York, 1955.

Welch, M., Recupero dell'autismo. Una teoria e un trattamento efficace attraverso l'abbracio, in E. Micheletti, L. Vizzoni, *Prevenzione e riabilitazione*, Pacini, Pisa, 1981.

Zaslow, R., Menta, M., *Rage, resistance and Holding*, San José University Press, 1977.

Zaslow, R., «Z-Process attachment therapy, in Corsini R.J., *Handbook of innovative psychotherapies*, Wiley and Sons, New York, 1981.

Zappella, M., *I Bambini autistici, l'holding e la famiglia*, La Nuova Italia Scientifica, 1987.

Bibliographie sur les Packs

Albernhe, T., *L'enveloppement humide thérapeutique*, Les Empêcheurs de penser en rond, Paris, 1992.

Allouch, E., «Techniques du corps et psychoses infantiles à l'adolescence», in *Adolescence*, 1991, 9, 2.

Billon, B., Audouin, G., « Enveloppement humide dans le cadre d'un centre de consultations de pédopsychiatrie », in *Coq-Héron*, n° 108, 1988.

Boulery, L., Martin, A., Puaud, A., « Des enfants sourds-aveugles... et des grottes... », in *L'évolution psychiatrique*, 46, 4, 1981.

Bovier, Ph., Brandli, H., « L'enveloppement humide : une tentative d'approche de la psychose », in *L'information psychiatrique*, vol. 55, n° 7, sept. 1979.

Bovier, Ph., Charbonnier, G., Fortini, K., Salvador, A., « Le corps du psychotique à travers la relaxation : approche clinique », in *L'information psychiatrique*, vol. 55, n° 8, oct. 1977.

Boyer, J.-P., Delwarde, M., Christin, S., « Les packs en psychiatrie infanto-juvénile », in *L'évolution psychiatrique*, 50, 2, 1985.

Cachard, C., « Enveloppes de corps, membranes de rêves. Enveloppes et entourage ; hypothèses psychosomatiques », in *L'évolution psychiatrique*, 46, 4, 1981.

Cachard, C., « Les Cris du Corps », *Coq-Héron*, n° 108, 1988.

Césaro, J.-F., « Les enveloppements humides (packs) entre théorie et pratique », in *Thérapie psychomotrice*, n° 77, 1988-1.

Chanoit, P.-F., Garrabe, J., Zana, J.-P., « Techniques corporelles en thérapeutique psychiatrique », in *EMC* 37870 A10, 11-1988.

Cheliout, W., « Les enveloppements humides : une approche thérapeutique des psychoses déficitaires », in *L'information psychiatrique*, n° 3, avril 1993.

Comte, J., « Gestation d'une idée d'enveloppement humide », in *Coq-Héron*, n° 108, 1988.

Coulon, N. de, « La cure de Packs, une application des idées de Winnicott en clinique psychiatrique », in *L'information psychiatrique*, vol. 61, n° 2, 1985.

Delion, P., *Prendre un enfant psychotique par la main*, chap 12, « Le Packing avec l'enfant psychotique », Ed. Matrice, 1992.

Delion, P., *Le Packing avec les enfants autistes et psychotiques*, Erès, 1998.

Gantheret, F., « Remarques sur la place et le statut du corps en psychanalyse », in *Nouvelle Revue de Psychanalyse*, n° 3, Lieux du Corps, 1971.

Hurvy, D., Angleraud, Fr., « Les packs : une technique de soin. Éléments de réflexion à partir d'un cas clinique », in *L'information psychiatrique*, vol. 60, n° 2, février 1984.

Laurent-Terrillon, G., « Le Pack à l'hôpital psychiatrique », in *Thérapie psychomotrice*, n° 53, avril 1982.

Loisy, D. de, « Enveloppements pathologiques, enveloppements thérapeutiques. Le Packing, thérapie somato-psychique », in *L'évolution psychiatrique*, 46, 4, 1981.

Priqueler, M., « Des livres pour le dire ou un autre langage dans le Pack », in *Coq-Héron*, n° 108, 1988.

Sautejean, A., Roudeix, M.-H., « Packs et traitement institutionnel d'une psychose autistique », in *L'information psychiatrique*, vol. 55, n° 7, sept. 1979.

Sivadon, P., Chanoit, P., Lefèbvre, D., « Thérapeutique psychomotrice des maladies mentales en institution », in *L'information psychiatrique*, vol. 47, n° 5, 1971.

Table des matières

Présentation 7

Le packing 11

Le holding thérapeutique 14

Première partie
L'AUTISME ATTRAPÉ PAR LE CORPS

Chapitre 1
Observer et prendre en charge l'enfant autiste 23

Chapitre 2
Rencontre avec le Holding thérapeutique 37

Chapitre 3
Théorie du Holding d'après l'*Esquisse* 45
  A. Rappel de l'Esquisse 45
  B. Interprétation de l'autisme selon l'Esquisse 51
  C. Interprétation des effets du Holding selon l'Esquisse 58
  D. Les effets du Holding. Point de vue clinique 66

Chapitre 4
Indications et applications aux formes d'autisme complet 77

DEUXIEME PARTIE

Chapitre 1
Le recours à la technique des Packs 85

Chapitre 2
Le Pack, l'espace et le temps 93

A. Abord phénoménologique 93
B. Notion de contenant formel 99

Chapitre 3
Journal des séances de Packs 105

Chapitre 4
**Interprétation des effets du Pack sur la perception et la pensée
Points de vue idéaliste et réaliste** 111

Chapitre 5
Description des résultats obtenus par la méthode des Packs 123

Chapitre 6
Les Packs secs... 131

Conclusion 137

Inscription de la négativité, Holdings et Packs 141
Winnicott et la négation 142

Bibliographie 145

CHEZ LE MÊME ÉDITEUR

PSYCHOLOGIE ET SCIENCES HUMAINES
collection publiée sous la direction de MARC RICHELLE

1 Dr Paul Chauchard : LA MAITRISE DE SOI. 9e éd.
7 Paul-A. Osterrieth : FAIRE DES ADULTES. 16e éd.
9 Daniel Widlöcher : L'INTERPRETATION DES DESSINS D'ENFANTS. 13e éd.
11 Berthe Reymond-Rivier : LE DEVELOPPEMENT SOCIAL DE L'ENFANT ET DE L'ADOLESCENT. 13e éd.
22 H.T. Klinkhamer-Steketée : PSYCHOTHERAPIE PAR LE JEU. 4e éd.
24 Marc Richelle : POURQUOI LES PSYCHOLOGUES? 6e éd.
25 Lucien Israel : LE MEDECIN FACE AU MALADE. 5e éd.
26 Francine Robaye-Geelen : L'ENFANT AU CERVEAU BLESSE. 2e éd.
27 B.F. Skinner : LA REVOLUTION SCIENTIFIQUE DE L'ENSEIGNEMENT. 3e éd.
29 J.C. Ruwet : ETHOLOGIE : BIOLOGIE DU COMPORTEMENT. 3e éd.
38 B.-F. Skinner : L'ANALYSE EXPERIMENTALE DU COMPORTEMENT. 2e éd.
40 R. Droz et M. Rahmy : LIRE PIAGET. 7e éd.
42 Denis Szabo, Denis Gagné, Alice Parizeau : L'ADOLESCENT ET LA SOCIETE. 2e éd.
43 Pierre Oléron : LANGAGE ET DEVELOPPEMENT MENTAL. 2e éd.
45 Gertrud L. Wyatt : LA RELATION MERE-ENFANT ET L'ACQUISITION DU LANGAGE. 2e éd.
49 T. Ayllon et N. Azrin : TRAITEMENT COMPORTEMENTAL EN INSTITUTION PSYCHIATRIQUE
52 G. Kellens : BANQUEROUTE ET BANQUEROUTIERS
55 Alain Lieury : LA MEMOIRE
58 Jean-Marie Paisse : L'UNIVERS SYMBOLIQUE DE L'ENFANT ARRIERE MENTAL
59 Jacques Van Rillaer : L'AGRESSIVITE HUMAINE
61 Jérôme Kagan : COMPRENDRE L'ENFANT
62 Michel S. Gazzaniga : LE CERVEAU DEDOUBLE
64 X. Seron, J.L. Lambert, M. Van der Linden : LA MODIFICATION DU COMPORTEMENT
65 W. Huber : INTRODUCTION A LA PSYCHOLOGIE DE LA PERSONNALITE. 7e éd.
66 Emile Meurice : PSYCHIATRIE ET VIE SOCIALE
67 J. Château, H. Gratiot-Alphandéry, R. Doron et P. Cazayus : LES GRANDES PSYCHOLOGIES MODERNES
68 P. Sifnéos : PSYCHOTHERAPIE BREVE ET CRISE EMOTIONNELLE
69 Marc Richelle : B.F. SKINNER OU LE PERIL BEHAVIORISTE
70 J.P. Bronckart : THEORIES DU LANGAGE
71 Anika Lemaire : JACQUES LACAN. 8e éd. revue et augmentée.
72 J.L. Lambert : INTRODUCTION A L'ARRIERATION MENTALE
73 T.G.R. Bower : DEVELOPPEMENT PSYCHOLOGIQUE DE LA PREMIERE ENFANCE. 4e éd.
74 J. Rondal : LANGAGE ET EDUCATION
75 Sheila Kitzinger : PREPARER A L'ACCOUCHEMENT
76 Ovide Fontaine : INTRODUCTION AUX THERAPIES COMPORTEMENTALES
77 Jacques-Philippe Leyens : PSYCHOLOGIE SOCIALE. *nouvelle édition 1997*
78 Jean Rondal : VOTRE ENFANT APPREND A PARLER 3e éd.
79 Michel Legrand : LE TEST DE SZONDI
80 H.J. Eysenck : LA NEVROSE ET VOUS
81 Albert Demaret : ETHOLOGIE ET PSYCHIATRIE
82 Jean-Luc Lambert et Jean A. Rondal : LE MONGOLISME. 4e éd.
83 Albert Bandura : L'APPRENTISSAGE SOCIAL
84 Xavier Seron : APHASIE ET NEUROPSYCHOLOGIE
85 Roger Rondeau : LES GROUPES EN CRISE?

86 J. Danset-Léger : L'ENFANT ET LES IMAGES DE LA LITTERATURE ENFANTINE
87 Herbert S. Terrace : NIM. UN CHIMPANZE QUI A APPRIS LE LANGAGE GESTUEL
88 Roger Gilbert : BON POUR ENSEIGNER?
89 Wing, Cooper et Sartorius : GUIDE POUR UN EXAMEN PSYCHIATRIQUE
90 Jean Costermans : PSYCHOLOGIE DU LANGAGE
91 Françoise Macar : LE TEMPS, PERSPECTIVES PSYCHOPHYSIOLOGIQUES
92 Jacques Van Rillaer : LES ILLUSIONS DE LA PSYCHANALYSE. 4ᵉ éd.
93 Alain Lieury : LES PROCEDES MNEMOTECHNIQUES
94 Georges Thinès : PHENOMENOLOGIE ET SCIENCE DU COMPORTEMENT
95 Rudolph Schaffer : COMPORTEMENT MATERNEL
96 Daniel Stern : MERE ET ENFANT, LES PREMIERES RELATIONS. 3ᵉ éd.
97 R. Kempe & C. Kempe : L'ENFANCE TORTUREE
98 Jean-Luc Lambert : ENSEIGNEMENT SPECIAL ET HANDICAP MENTAL
99 Jean Morval : INTRODUCTION A LA PSYCHOLOGIE DE L'ENVIRONNEMENT
100 Pierre Oleron et al. : SAVOIRS ET SAVOIR-FAIRE PSYCHOLOGIQUES CHEZ L'ENFANT
101 Bernard I. Murstein : STYLES DE VIE INTIME
102 Rondal/Lambert/Chipman : PSYCHOLINGUISTIQUE ET HANDICAP MENTAL
103 Brédart/Rondal : L'ANALYSE DU LANGAGE CHEZ L'ENFANT. 2ᵉ éd.
104 David Malan : PSYCHODYNAMIQUE ET PSYCHOTHERAPIE INDIVIDUELLE
105 Philippe Muller : WAGNER PAR SES REVES
106 John Eccles : LE MYSTERE HUMAIN
107 Xavier Seron : REEDUQUER LE CERVEAU
108 Moreau/Richelle : L'ACQUISITION DU LANGAGE. 5ᵉ éd.
109 Georges Nizard : ANALYSE TRANSACTIONNELLE ET SOIN INFIRMIER
110 Howard Gardner : GRIBOUILLAGES ET DESSINS D'ENFANTS, LEUR SIGNIFICATION. 3ᵉ éd.
111 Wilson/Otto : LA FEMME MODERNE ET L'ALCOOL
112 Edwards : DESSINER GRACE AU CERVEAU DROIT. 9ᵉ éd.
113 Rondal : L'INTERACTION ADULTE-ENFANT
114 Blancheteau : L'APPRENTISSAGE CHEZ L'ANIMAL
115 Boutin : FORMATION ET DEVELOPPEMENTS
116 Húsen : L'ECOLE EN QUESTION
117 Ferrero/Besse : L'ENFANT ET SES COMPLEXES
118 R. Bruyer : LE VISAGE ET L'EXPRESSION FACIALE
119 J.P. Leyens : SOMMES-NOUS TOUS DES PSYCHOLOGUES?
120 J. Château : L'INTELLIGENCE OU LES INTELLIGENCES?
121 M. Claes : L'EXPERIENCE ADOLESCENTE
122 J. Hayes et P. Nutman : COMPRENDRE LES CHOMEURS
123 S. Sturdivant : LES FEMMES ET LA PSYCHOTHERAPIE
124 A. Pomerleau et G. Malcuit : L'ENFANT ET SON ENVIRONNEMENT
125 A. Van Hout et X. Seron : L'APHASIE DE L'ENFANT
126 A. Vergote : RELIGION, FOI, INCROYANCE
127 Sivadon/Fernandez-Zoïla : TEMPS DE TRAVAIL, TEMPS DE VIVRE
128 Born : JEUNES DEVIANTS OU DELINQUANTS JUVENILES?
129 Hamers/Blanc : BILINGUALITE ET BILINGUISME
130 Legrand : PSYCHANALYSE, SCIENCE, SOCIETE
131 Le Camus : PRATIQUES PSYCHOMOTRICES
132 Lars Fredén : ASPECTS PSYCHOSOCIAUX DE LA DEPRESSION
133 Mount : LA FAMILLE SUBVERSIVE
134 Magerotte : MANUEL D'EDUCATION COMPORTEMENTALE CLINIQUE
135 Dailly/Moscato : LATERALISATION ET LATERALITE CHEZ L'ENFANT
136 Bonnet/Tamine-Gardes : QUAND L'ENFANT PARLE DU LANGAGE
137 Bruyer : LES SCIENCES HUMAINES ET LES DROITS DE L'HOMME

138 Taulelle : L'ENFANT A LA RENCONTRE DU LANGAGE
139 de Boucaud : PSYCHOLOGIE DE L'ENFANT ASTHMATIQUE
140 Duruz : NARCISSE EN QUETE DE SOI
141 Feyereisen/de Lannoy : PSYCHOLOGIE DU GESTE
142 Florin et al. : LE LANGAGE A L'ECOLE MATERNELLE
143 Debuyst : MODELE ETHOLOGIQUE ET CRIMINOLOGIE
144 Ashton/Stepney : FUMER
145 Winkel et al. : L'IMAGE DE LA FEMME DANS LES LIVRES SCOLAIRES
146 Bideau/Richelle : PSYCHOLOGIE DEVELOPPEMENTALE
147 Schmid-Kitsikis : THEORIE CLINIQUE ET FONCTIONNEMENT MENTAL
148 Guggenbühl/Craig : POUVOIR ET RELATION D'AIDE
149 Rondal : LANGAGE ET COMMUNICATION CHEZ LES HANDICAPES MENTAUX
150 Moscato et al. : FONCTIONNEMENT COGNITIF ET INDIVIDUALITE
151 Château : L'HUMANISATION OU LES PREMIERS PAS DES VALEURS HUMAINES
152 Avery/Litwack : NEE TROP TOT
153 Rondal : LE DEVELOPPEMENT DU LANGAGE CHEZ L'ENFANT TRISOMIQUE 21
154 Kellens : QU'AS-TU FAIT DE TON FRERE?
155 Rondal/Henrot : LE LANGAGE DES SIGNES. 2e éd.
156 Lafontaine : LE PARTI PRIS DES MOTS
157 Bonnet/Hoc/Tiberghien : AUTOMATIQUE, INTELLIGENCE ARTIFICIELLE ET PSYCHOLOGIE
158 Giovannini et al. : PSYCHOLOGIE ET SANTE
159 Wilmotte et al. : LE SUICIDE
160 Giurgea : L'HERITAGE DE PAVLOV
161 Ionescu : MANUEL D'INTERVENTION EN DEFICIENCE MENTALE N° 1
162 Ionescu : MANUEL D'INTERVENTION EN DEFICIENCE MENTALE N° 2
163 Pieraut-Le Bonniec : CONNAITRE ET LE DIRE
164 Huber : PSYCHOLOGIE CLINIQUE AUJOURD'HUI
165 Rondal et al. : PROBLEMES DE PSYCHOLINGUISTIQUE
166 Slukin : LE LIEN MATERNEL
167 Baudour : L'AMOUR CONDAMNE
168 Wilwerth : VISAGES DE LA LITTERATURE FEMININE
169 Edwards : VISION, DESSIN, CREATIVITE. 3e éd.
170 Lutte : LIBERER L'ADOLESCENCE
171 Defays : L'ESPRIT EN FRICHE
172 Broome Walace : PSYCHOLOGIE ET PROBLEMES GYNECOLOGIQUES
173 Aimard : LES BEBES DE L'HUMOUR
174 Perruchet : LES AUTOMATISMES COGNITIFS
175 Bawin-Legros : FAMILLES, MARIAGE, DIVORCE
176 Pourtois/Desmet : EPISTEMOLOGIE ET INSTRUMENTATION EN SCIENCES HUMAINES. 2e éd.
177 Sloboda : L'ESPRIT MUSICIEN
178 Fraisse : POUR LA PSYCHOLOGIE SCIENTIFIQUE
179 Ruffiot : PSYCHOLOGIE DU SIDA
180 McAdams/Deliège : LA MUSIQUE ET LES SCIENCES COGNITIVES
181 Argentin : QUAND FAIRE C'EST DIRE...
182 Van der Linden : LES TROUBLES DE LA MEMOIRE
183 Lecuyer : BEBES ASTRONOMES, BEBES PSYCHOLOGUES : L'INTELLIGENCE DE LA 1re ANNEE
184 Immelmann : DICTIONNAIRE DE L'ETHOLOGIE
185 Collectif : ACTEUR SOCIAL ET DELINQUANCE
186 Fontana : GERER LE STRESS
187 Bouchard : DE LA PHENOMENOLOGIE A LA PSYCHANALYSE
188 Chanceaulme : MOURIR, ULTIME TENDRESSE
189 Rivière : LA PSYCHOLOGIE DE VYGOTSKY

190 Lecoq : APPRENTISSAGE DE LA LECTURE ET DYSLEXIE
191 de Montmolin/Amalberti/Theureau : MODELES DE L'ANALYSE DU TRAVAIL
192 Minary : MODELES SYSTEMIQUES ET PSYCHOLOGIE
193 Grégoire : EVALUER L'INTELLIGENCE DE L'ENFANT
194 Gommers/van den Bosch/de Aguilar : POUR UNE VIEILLESSE AUTONOME
195 Van Rillaer : LA GESTION DE SOI
196 Lecas : L'ATTENTION VISUELLE
197 Macquet : TOXICOMANIES ET FORMES DE LA VIE QUOTIDIENNE
198 Giurgea : LE VIEILLISSEMENT CEREBRAL
199 Pillon : LA MEMOIRE DES MOTS
200 Pouthas/Jouen : LES COMPORTEMENTS DU BEBE : EXPRESSION DE SON SAVOIR ?
201 Montangero/Maurice-Naville : PIAGET OU L'INTELLIGENCE EN MARCHE
202 Colin A. Epsie : LE TRAITEMENT PSYCHOLOGIQUE DE L'INSOMNIE
203 Samalin-Amboise : VIVRE A DEUX
204 Bourhis/Leyens : STEREOTYPES, DISCRIMINATION ET RELATIONS INTERGROUPES
205 Feltz/Lambert : ENTRE LE CORPS ET L'ESPRIT
206 Francès : MOTIVATION ET EFFICIENCE AU TRAVAIL
207 Houziaux : EDUCATION DU PATIENT ET ORDINATEUR
208 Roques : SORTIR DU CHOMAGE
209 Bléandonu : L'ANALYSE DES REVES ET LE REGARD MENTAL
210 Born/Delville/Mercier/Snad/Beeckmans : LES ABUS SEXUELS D'ENFANTS
211 Siguan : L'EUROPE DES LANGUES
212 de Bonis : CONNAITRE LES EMOTIONS HUMAINES
213 Retschitzki/Gurtner : L'ENFANT ET L'ORDINATEUR
214 Leyens/Yzerbyt/Schadron : STEREOTYPES ET COGNITION SOCIALE
215 Tiberghien : LA MEMOIRE OUBLIEE
216 Wynants : L'ORTHOGRAPHE, UNE NORME SOCIALE
217 Rondal : L'EVALUATION DU LANGAGE
218 Moreau : SOCIOLINGUISTIQUE, CONCEPTS DE BASE
219 Rouquette : LA CHASSE À L'IMMIGRÉ
220 Grubar/Duyme/Cote et al. : LA PRÉCOCITÉ INTELLECTUELLE DE LA MYTHOLOGIE À LA GÉNÉTIQUE
221 Pomini et al. : THÉRAPIE PSYCHOLOGIQUE DES SCHIZOPHRÉNIES
222 Houdé et al. : DESCARTES ET SON ŒUVRE AUJOURD'HUI
223 Richelle : DÉFENSE DES SCIENCES HUMAINES
224 Leclercq : POUR UNE PÉDAGOGIE UNIVERSITAIRE DE QUALITÉ
225 Gillis : L'AUTISME ATTRAPÉ PAR LE CORPS
226 Pithon : LES TENDANCES ACTUELLES DE L'INTERVENTION PRÉCOCE EN EUROPE

Manuels et Traités

Droz-Richelle : MANUEL DE PSYCHOLOGIE. *5ᵉ éd.*
Hurtig-Rondal : MANUEL DE PSYCHOLOGIE DE L'ENFANT (Tome 1). *5ᵉ éd.*
Hurtig-Rondal : MANUEL DE PSYCHOLOGIE DE L'ENFANT (Tome 2). *4ᵉ éd.*
Hurtig-Rondal : MANUEL DE PSYCHOLOGIE DE L'ENFANT (Tome 3). *4ᵉ éd.*
Rondal-Seron : LES TROUBLES DU LANGAGE (DIAGNOSTIC ET REEDUCATION). *2ᵉ éd.*
Fontaine/Cottraux/Ladouceur : CLINIQUES DE THERAPIE COMPORTEMENTALE. *2ᵉ éd.*
Godefroid : LES CHEMINS DE LA PSYCHOLOGIE. *2ᵉ éd.*
Seron-Jeannerod : NEUROPSYCHOLOGIE HUMAINE